雲後的陽光

走出生命幽谷

國際生命線台灣總會　嘉義生命線◎策劃
姚卿騰　◎編著
孫越、曾志朗、曾中明、簡春安　真摯推薦

濤石文化事業有限公司
WaterStone Publishers

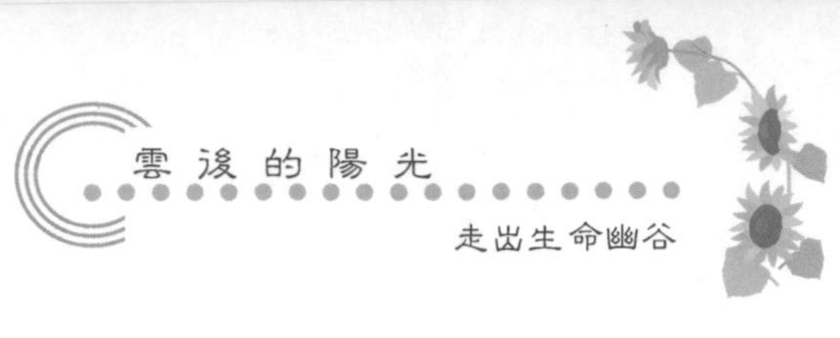

尊重生命價值

曾中明

根據衛生署統計資料顯示，台灣地區的自殺死亡率自1997年已連續八年列入國人十大死因中，自殺不幸事件已造成社會重大衝擊與影響。近年來民眾因失業、負債、家庭問題，或因長期處於壓力環境導致憂鬱症等精神疾病，所引發的自殺問題，有賴政府與民間單位共同關切，加強自殺防治資源聯結整合，確實達到網網相聯並能發揮預防及即時協助之功效。

有鑑於此，內政部配合行政院衛生署「自殺防治專案小組」、「自殺防治行動策略方案計畫」與教育部、行政院勞工委員會、行政院新聞局等單位共同推動自殺防治工作。各地方政府社工專業人員針對求助民眾之問題、需求，予以訪視輔導、通報轉介或扶助；此外，並辦理社工專業人員自殺防治在職訓練、兒童、少年、老人、身心障礙者、遭遇家庭暴力或性侵害者之自殺防治救援服務及宣導，期能減少不幸事件的發生。

嘉義市生命線協會成立廿多年來，以自殺防治和民眾心理衛生為宗旨，藉著24小時電話輔導，使無數企圖自殺者獲得重生，成效顯著。該會為了讓自殺防治不再是道德勸說口號並讓更多人知道如何走出陰霾，於2005年底舉辦「生命之愛—向自殺說No」創作徵文比賽，並在今年將如何走出自殺經驗的個人心路歷程作品，彙輯成冊。內容溫馨感人，對於鼓勵民眾勇敢面對人生挑戰，助益良多。

21世紀是一個尊重生命價值的世紀，本書的出版就像雨後陽光般，為社會帶來生命力與希望！期望透過書中深刻感人的實例，能啓發民眾培養積極樂觀的人生理念，並善用民間專業諮商資源解決生命中的危機；而政府與民間亦能共同集結力量，為自殺防治投注心力，營造一個尊重生命、關懷生活與珍愛他人的生活環境。本書的出版，對於生命意義價值之闡揚，深具意義，是為之序。

内政部社會司 司長

生命的歷程

簡春安

對我而言，文章的寶貴，不在辭句的華美，也不在言論高談，而是文章是否誠摯，是否載著作者的心聲與自我。

本來以爲「雲後的陽光」只是一些風花雪月方面的感觸，或是一些個人對生命的抒情與寄望而已，縱使有精彩的文章，但大概無暇閱讀。細看後，才發現篇篇文章都是曾面臨自殺問題困擾之個案所寫下的心路歷程，心中大爲震驚，閱後更覺得感動莫名。

從事婚姻輔導工作將屆三十年，工作經驗不能說沒有；在國外進修，拿了碩士博士，學歷尚稱完整；從事社工教學，相關的理論也略都探討過。曾自省過，是什麼經歷最使自己震憾？答案不是大師的理論；不是某些特殊的經驗，而是個案本身活生生的生命歷

程，他們的心酸與無奈；憤怒與掙扎；上進與墮落；生與死……。這些生命的單元，最常在我心中揮之不去，這些眞實的血淚，更是鞭策我在專業生命成長最重要的力量。

三十年前，Mallucio的大作「Learning from Clients」要我們從案主去學習，藉著案主，去了解專業的功能與限制。今日台灣，當自殺個案時有所聞，而專業卻顯得蒼白無力，正苦思如何有效協助自殺個案時，這些曾經有過自殺念頭，所幸又能夠重新積極去活，而把這些感觸眞實的寫出來的個案朋友們，當然就是我們最好的老師。他們爲何試圖放棄生命？如何在生死邊緣掙扎？此時又如何能重拾對生命的信心？這些問題，我們當然要認眞去了解，努力去研究，熱心的去學習。

東海大學社會工作學系教授
中華聯合勸募協會理事長

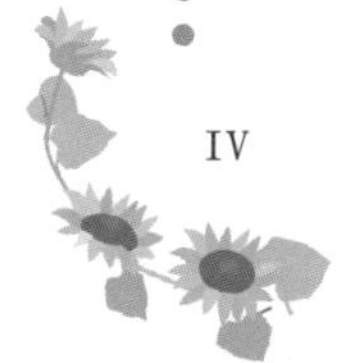

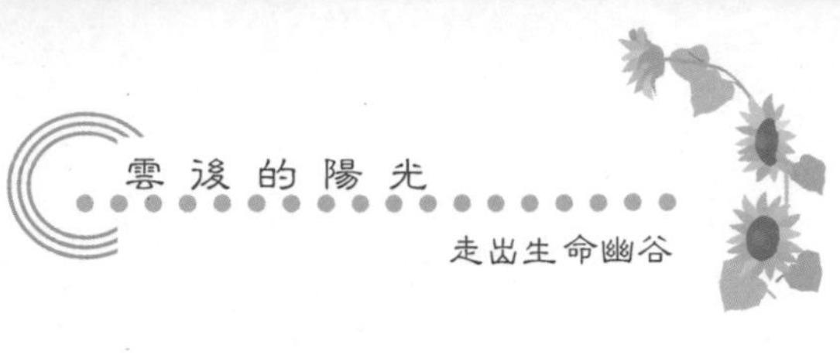

走過難熬的哀傷旅程

姚卿騰

「你知道人怎樣才能活下去？」一位心理諮商的個案，忽然問起這樣的問題，那句話迴盪在不大的空間裡，日昇斜射的陽光絲毫不減這背後的寒意，我靜靜地看著他雙眸，兩人之間的的沉默，彷如定格的黑白影片，之後他才用沉重地語氣說出當年自殺未遂的傷痛回憶。

自殺不僅是「你」生命的隕落、完結，更是許多人墮入痛苦深淵的開始。根據衛生署統計，台灣地區自1997年開始，自殺就已經進入國人十大死因的排行榜，而隨著自殺率的逐年攀升，自殺者的年齡層也不斷地下降，「自殺」一詞，早已不再是單純個體生死抉擇問題，而演變成爲嚴重的社會問題。

本書的出版緣起於嘉義市生命線舉辦的「生命之愛—向自殺說NO」創作徵文比賽，由於獲得全國熱烈迴響，故深深地期盼將參賽者許多走過自殺幽谷的眞實、感人故事及實際經驗，結集成冊，溫馨呈現，希望協助當下在自殺危機的個人，能夠一起走出傷痛，活出更新的自我。而爲了保護每個眞實的個案，因此，在出版過程中就選擇不把當事人的眞實姓名掛上。

本書內容包括兩個部份，第一部份是曾面臨自殺問題者的親身經歷以及其一路走來的心路歷程，不僅做了完整的呈現，並清晰描繪出他們生與死的抉擇，讀者可藉由書中他人的寶貴經驗與瞭解，有效地處理負面情緒，珍惜自己的生命，勇敢向自殺說不；第二部份是自殺

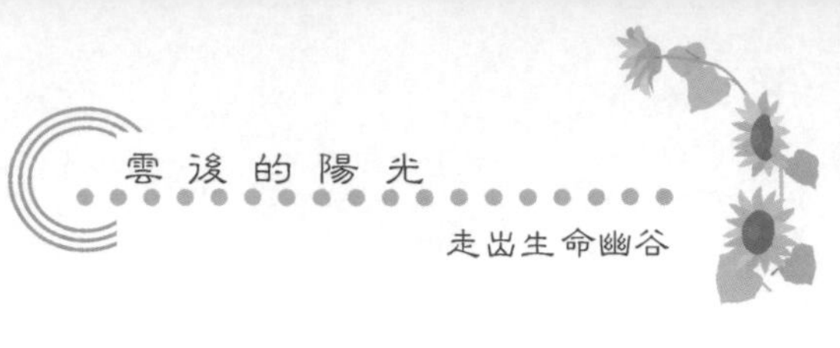

防治的指南與求助資源，希望協助社會大眾可以獲致相關的專業知識與資源，幫助目前有此問題的親朋好友，只要我們多付出實際的關懷行動與善用社會中相關的自殺防治資源，平時多覺察周遭一絲無言的憂鬱，自殺是可以預防的。

在自殺防治工作的過程中，感謝許多的老師、生命線的理監事、和工作伙伴們，以及家人們給予我很多的支持和協助，本書的出版特別要感謝濤石文化陳重光先生的大力支持，讓更多的讀者認識本書。本書除了希望能夠幫助目前面臨自殺問題者走過難熬的哀傷旅程外，也希冀提供給心理輔導人員、社會工作者、教師、醫療人員等做爲參考，共同陪伴個案走過艱辛的再生之旅。

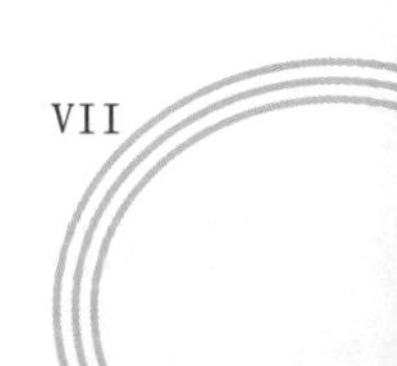

人生的種種沉痛困境，人人都難以倖免，如何在臨到時有勇氣面對，尋求專業協助與幫忙，如各地生命線、心理輔導機構，並選擇面對問題，勇敢地與生命對話，方能解套與跨越，並找到生命出口的那扇門。

嘉義市生命線主任暨國際生命線台灣總會理事

一道彩虹

姊姊的突然離世帶給我莫大的悲傷與遺憾，那發生在我無能爲力的年紀，而生命的美妙之處，在於苦厄之後，所有的淚水將會被成長的喜悅代替，走在熟悉的校園裡，歲月讓哀傷變了面貌，漸漸感覺自己一天比一天過的更好……。

十八歲的那一年，我目睹姊姊自十一樓跳樓自殺。時間彷彿在那時候就此停頓了。我和姊姊往日的笑聲霎時變成了泡影，我不斷的哭泣與吶喊，無法控制的揣測，如果當初我能下樓跟她談一談、如果我多陪她一會兒的話，也許她不會走的這麼孤單、這麼寂寞。之後我因爲嚴重的氣喘發作而住院，沒多久又染上肺炎，後來被迫輟學工作以償還姐姐的債務，短短的一個月，我瘦了將近二十公斤。

二年過後，我的生活看似正常，但是持續幾個月的時間，一直陸陸續續發生「失憶」的情形：常常突然之間感覺腦袋一片空白，

忘記原本正在做些什麼。不記得去過什麼地方，不知道車子停在哪裡，不清楚自己是怎麼回家的？沒有記憶的時空我究竟去哪裡？做了些什麼？想了就讓人毛骨悚然。於是在我「有思想」的時候，我都不出門，因爲不知道自己什麼時候會再度「失憶」而陷入危險的時空。我困在過去的創傷裡走不出來，噩夢不斷的來襲，一個接一個與噩夢相仿的畫面在日間闖入腦海，不受控制，肆無忌憚。恐慌、焦慮、無助、害怕和恐懼，讓我幾乎分不清是眞是假。我想逃想躲；但卻逃不開躲不過。我開始封閉自己，不斷傷害自己，持續出現自殺的念頭。到此，我的人生幾乎癱瘓了，所有的一切對我而言都沒有意義。

直到二十四歲那一年的清明節，我突然之間意識到姐姐自殺時她才只有二十二歲，在時間的流裡，不知不覺之中，我的年齡竟然已經大過她了，然而她再也沒有機會長大。一位二十二歲的小女孩在極度痛苦中，以爲自己找不到其他出路的狀態之下可憐的跳樓了。我的悲傷和憤怒被突如其來的心疼取代，我不再生她的氣，不再覺得她害了我，這一切不是我的錯，也不是她的錯．我決定終止這一切悲慘的命運，我要跳脫悲劇的宿命！

我告訴自己，該是時間站起來重新過生活了，我損失的已經夠多了！於是我重新參加聯考，回到校園，讓一切恢復到原點。

過去經驗像是一把兩面開口的刀，可以是阻力也可以是助力，對我來說，所有的苦難都是我所欠缺的鍛鍊，我也因此而強壯。姊姊的離逝，使我深刻的體驗失去親人的悲傷，使我擁有一顆柔軟而敏感的心，讓我學習到安慰人、了解人的能力。身爲自殺者遺族，親身體會過自殺遺族之痛，於是我繼續進修於生死教育與輔導研究所，學習自殺遺族的悲傷歷程。希望能對其他自殺遺族擁有更多更深層的了解和幫助。

「人生沒有白走的路，人生也沒有用不到的經歷。」一切的傷痛、一切的選擇、一切的追尋，讓我漸漸拼出彩虹的全貌。這一路從内疚到憤怒，從心疼到祝福，最後化爲感恩的心。我深深的祝福姊姊，很深很深，不只祝福現在已經看不見的她，我也祝福她選擇跳樓的那一天。

偶爾我還是會悲傷，有選擇的話，我不願意失去姊姊。但是我注意到，她用她的生命豐富了我的人生，這是別人沒有的，而她單單給了她唯一的妹妹——一道彩虹。

我相信受傷是成長的必須經歷，沒有傷痕就沒有成長。而那些半癒的新舊疤痕中，有潔白的翅膀在向上生長，它用成長的疼痛不斷地提醒我，回頭望見最初的自己。

一個等待翅膀傷口癒合的天使。

每個受傷的人都是自己的天使。有一天，我們一定會再度用最優美的姿態飛翔。

新生的生命

我是個極度沒有自信的人。

而歷經這二十多年的歲月裡，我承認一直過得很不愉快。

我想，我的自卑來自於童年。一般人在國小的歲月，應該是沒有憂愁與煩惱的單純階段，但是，上天故意跟我唱反調。當我開心地走在校園的路上，然而旁人卻一直對我指指點點與竊竊私語，甚至有些人還故意把語調放大，說些諷刺的言語來刺激你，好幾次都是用逃命似的奔回教室，強忍住悲傷的情緒，但是那些化爲利刃的囈語聲，卻在耳邊一直纏繞，久久不能離去，情緒的起伏宛若山谷溝壑，一次又一次令我充滿難堪與絕望。「我又沒做錯什麼事，爲什麼要這樣傷害我？」總在心裡這樣滴咕著，越想越鑽牛角尖，就連班上同學也幫著外人欺侮，無助感襲上心頭。幸而，還有一兩位支持我的朋友。回到家，總是不敢跟父母分享我在學校的種種經過，不想讓他們知道，不願讓他們擔心。那段時間我害怕上學，擔心聽到流言蜚語，但每天還是硬著頭皮走路去上課，下了課也不敢出教室，更不敢去廁所，好幾次憋了一整天的痛苦經驗。

我很容易受別人影響，也很在意別人的目光。假使今天我做錯事，我覺得無所謂，問題是我也沒做出不良的行徑，到後來我發現，那些人只是單純地看我「不順眼」，不需任何理由，跟蠻橫無理的非理性份子地位相等。

我總是坐在位子上自言自語，想著這個世界很不公平，不想繼續過著這樣提心吊膽的日子，也沒辦法裝作沒聽見或不在意，我不想再待在這個世界，於是我有了尋死的念頭。等到某一天無人在家的光景，模仿著電視劇情，尋死之人總是拿著把小刀往手腕劃去，一時衝動，我後悔了，等到鮮血緩緩溢出，痛意才逐漸湧現，而我失去了尋死的勇氣，至今那道疤痕還在，爲我的苦痛留下了見證。

終於上了國中，資優班的課業讓我暫時忘卻憂愁，每天寫不完的試卷，讓我無力去想些無關緊要之事，但還是從一些人口中得知關於我的，不中聽的話。總是待人如善的我，還是免不了上天對我的詛咒，噩夢總是糾纏著我。有一、二次，受不了在課業與流言的壓力下，在教室裡啜泣了起來，有些人對我突如其來的舉動感到驚訝，紛紛向我慰問，我總是以「沒事」來回應他們對我的關心，其實是不想訴說。封閉了我的心，再也不願與人交流。輕生的念頭還是佔據我的思緒，只不過我失去了勇氣。一度我承認患了憂鬱症，臉上無法展露笑容，做事無精打采，也不願說出心裡的話，不懂得

釋放自我的情緒，沒有宣洩的管道。就這樣，成績一落千丈，所幸還是考上一所風評不佳、升學率低的高中。但問題還是一直存在，而在心境上有了極大的轉變，物極必反，我變得暴躁易怒，不再相信任何人，不願再過著受人言語的日子，我只爲自己而活。很多事變得無所謂，有點像是放棄自我，是個失去理智的精神病患。總覺得人生無趣，成天唉聲歎氣，書也唸不下去。果然考不上大學，但是只有高中學歷怎麼在社會立足，在父母的叫罵聲中，勉爲其難地進了重考班，但這一年卻成了我人生中重要的轉戾點。

在這一年裡，我開始重新面對自己，重拾書本，碰觸以前高中三年荒廢的課業，聆聽了許多老師的金玉良言，也仔細思索著自己未來的方向。感覺像是一瞬間頓悟，驚覺之前荒唐的歲月，我不能再繼續放縱下去，該是爲自己的將來作打算的時候。一整年的補習班生涯，有歡笑有淚水，有甘苦有甜美，由於和一群來自不同學校卻有著相同目標的同學，大家一起努力考上了大學。這一年很充實，雖然每天坐著冷硬的座位不停地埋頭苦讀，假使沒考上，卻也做到對自己負責的信念。現在唸書是爲了自己而唸，而不是爲了別人。

上了大學，進了自己心目中的系所，由於有興趣自己也得心應手。而自己一個人遠離家鄉到外地唸書後，見識多了，視野開闊不少，心胸也比較不會像以前那樣狹隘。而在外的日子，學習獨立自主，也學著打理自己的生活起居。一切像是新生，誕生出新的自我。有時還是有想不開的瓶頸，我盡量不再因悲傷的情緒而受到干擾，

打亂生活的步調。找出一條能使自己快樂的路是很重要的，這個方式因人而異。有一個健康的情緒抒發途徑是在充滿壓力的現代社會族群所必備的。

很多事情換個角度想，也許就不會那麼杞人憂天。但我覺得凡事還是要靠自己，只有自己才救得了你。很多人就是過不了自己那一個關卡，就枉費斷送自己寶貴的生命。

即使不爲自己著想，也要爲你的父母以及關心你的人作打算，尋死是解決不了問題，沒錯，是自我解脫了，但問題還是存在，留下父母終日以淚洗面的臉孔與親戚朋友的不捨之

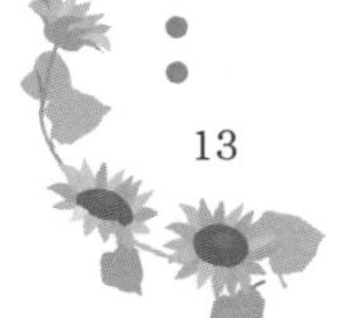

情。我其實很佩服那些自殺成功的人，那需要多大的勇氣與決心，也要極度的心死與悲愁。但是勇氣不是表現在這方面，他們用錯了方向，如果能夠轉化爲正面的意義，也就不會留下太多的遺憾。說比做到容易，我似乎能夠體會那些人的心情，但如果沒有經過大徹大悟，我恐怕也是那墓塚下的亡魂之一。希冀今後我還是能夠坦然、積極地面對未來的人生，縱使前方困難重重，也要能披荊斬棘。而多關心身邊的人，不要戴上冷漠製成的面具，也許你正拯救一個失落的靈魂。

「愛自己的生命，也尊重他人生存的權利」共勉之。

走過低潮，夢想成真

退伍後我換過好幾個工作，因爲學歷低，只有國中畢業，所以總是職場上裁員的第一人選，即使工作賣力也會因爲老闆養不起而捲鋪蓋走路。被裁之後能找得工作也大多是些出賣勞力或工時很長的工作，因此原本打算退伍後白天工作晚上進修的心願總是無法達成！曾經我在一家工廠當機械操作員三年多，每天工作時間從早上八點到晚上九點，薪資很低，待了三年才升了三千元，而老闆卻因爲我只有國中畢業學歷，月薪最高只肯給到二萬五，不能夠再升上去，否則他自認會對那些高中或以上學歷的同仁不好交待。這樣的決策對我無異是一種傷害，一度讓我對自己感到很絕望，覺得自己是個人人瞧不起、沒用的人！那年我已經廿七歲，覺得再拖下去只會讓自己更沒勇氣去進修，於是毅然決然辭掉工作，晚上先去唸高職，至於工作再設法慢慢找。

沒想到這一個決定卻讓我掉入了痛苦的深淵，這一來我得再找能配合唸書的工作，但因學歷低，晚上還得到學校唸書，肯用這樣條件的人的工作微乎其微，於是乎工作更難找了。工時長或需要輪班、加班的工作我沒辦法做，工讀的工作老闆又嫌我太老，認爲這種月薪不到兩萬塊的工作我會待不住，也是不肯用，足足讓我飽嚐求職碰壁之苦。

沒了工作，但日子一樣要過，接踵而來的生活開銷壓得我喘不過氣來，零零總總的費用再加上偶爾不小心的幾張罰單，對於一個失業的人簡直是要了我的命，於是開始到處向朋友借錢，欠下不少債。在前債未還後債難貸的情況下，我只好開始動到信用卡的主意上，幾乎所有開銷都先用信用卡支付，開始種下了淒慘的惡果，迅速累積信用卡卡債。由於工作

始終無著落，每個月的信用卡帳款實在繳不出來，只好先借東家償西家，借西家還東家的方式以卡養卡。挖東牆補西牆的結果無疑是飲鴆止渴，卡債猶如滾雪球般越滾越大。在沒有收入而卻又債台高築的情況下，我的情緒一直很低落，每天藉酒澆愁來麻痺自己、封閉自己。

坐困愁城半年之後，找工作開始像病急亂投醫般，只求能有個工作即可，於是被一家專以傳直銷手法哄騙求職者的行業騙了一萬多塊錢，欲哭無淚。我母親知道我的處境很體諒我，時常安慰我、鼓勵我，但我一直不敢告訴她我被騙錢的事情。看著她每天工作那麼累，還要擔心我有沒有吃飯，晚上下了班還要趕忙爲我做晚餐讓我吃完好上課，我好想哭。那一陣子其實我每天只有吃一餐她煮的晚餐，我一直不敢讓她知道，只是騙她我三餐都有吃。但知子莫若母，其實這話瞞不過她，她知道我身上根本沒有錢、有一餐沒一餐的過日子，因此她總會買一些水餃、泡麵、麵條或餅乾之類的食物放在冰箱裡，叮嚀我餓了自己去弄了吃。每天她下班都會關心我工作找得怎樣，是否有好消息？每次我都很希望她下班回來聽到的是我的好消息，但卻一再的讓她失望。看著她不時託親戚朋友幫我留意適合的工作，對我的關心、鼓勵漸漸變成我沈重的壓力，每天我都很怕見到我母親，我開始認爲自己是個沒用的人，每天除了上課、找工作外，都將自己關在房間裡，然後告訴自己這輩子大概完了，沒有機會了。想到我一身的債，想到茫茫的未來，我開始自暴自棄，每天喝酒喝得醉醺醺。醉了之後總會讓自己更加沮喪，更加沒有活下去的勇氣，甚至有想死的念頭，但是我沒有辦法，每天晚上似乎不喝醉就無法面對自己，一度曾經想過一死了之。

有一次我去面試，結果並不令人滿意，我知道我又沒機會了，我開始對應徵面試心生畏懼，我覺得我再沒有勇氣去應徵任何工作了，我不如死了算了。沮喪之餘，不知道下一步該怎麼辦，想到晚上又不知該怎面對我母親，回到家裡對著空蕩蕩的家，又會有一股空虛的感覺不由自主襲上心頭，我不敢回家，於是到附近的公園發呆，想想未來該怎辦。

坐在公園椅子上發著愁，一個衣衫襤褸的老婦人推著一台破損不堪的手推車，車上堆了一大堆廢紙板、空瓶罐及鐵條之類的東西，在籃球場邊撿著空罐。我覺得我比老婦人更沒用，她雖然撿走了瓶罐賣錢，卻同時清潔了籃球場，如果沒有老婦人撿空罐，籃球場大概會變成垃圾場，而我呢？只能坐在這裡發呆！看著老婦佝僂的推著手推車蹣跚離去的身影，突然轉念一想：「老婦人能以風燭殘年對社會留下一些貢獻，而我卻只會自怨自艾！」有句古諺說得好：「一枝草、一點露」，天生我才必有用，這世上沒有有用、沒用的人，這麼一想，心中便又燃起了一絲絲希望，想說朋友家就住附近，不如直接去看看朋友，順道請朋友幫忙留意工作的事，便騎著車子往朋友家去。朋友家裡開早餐店，通常下午的時候他都閒閒在家。那天他很高興的拉著我一起泡茶聊天，我們聊了很多事，終於可以將我長久壓抑的苦悶一股腦的講出來，頓時覺得心裡輕鬆了許多。朋友聽了之後也不斷鼓勵我，答應會盡力幫我留意適合的工作。

感受到朋友的熱情，我覺得我以前太封閉自己了，我開始學著改變自己的心態，不再那麼自怨自艾，也不再喝酒澆愁了。每天找完工作後，我總是往朋友家跑，跟他聊聊今天求職的情形。有一次去找他，正巧他在跟朋友泡茶，便拉著我跟他們一起聊，其中一位知道我失業中，急須要一份工作，便介紹我到他親戚開的便利店當大夜工讀生，才總算有了一份安定的工作。我母親知道我有工作時，比任何人還要高興，因爲她不用再擔心自己的兒子墮落、做傻事了。那一段時間我工作得比誰都努力，我很高興我終於能邊工作邊唸夜校了。雖然工讀生的薪資很微薄，尚不足以還掉信用卡的債務，但我可以暫時一點一點的支付最低額，至少我的債務不會再增加。工作穩定下來後，我開始找時間準備參加普考，在工作、課業兼顧之餘我盡量抽時間找考試資料。雖然花了兩年考了二次沒能考上，但我不因此氣餒，我還是不斷找機會參加公職相關考試。天助自助者，就在我高職快畢業時，一次偶然的機會裡，我參加了一次公家機關約僱人員考試，僥倖讓我考上了。雖然現在還只是約僱人員，並非正式的公職人員，錢也不多，但至少我有了一份固定且可以配合我晚上進修的職業，我可以放心繼續做往上進修的準備。高職畢業後總算如願考上了科技大學，白天努力工作，晚上用功讀書。隨著年資的累積，我的薪資也越來越增加，現在我已經大學三年級了，債務也還得差不多了，再一年我就大學畢業了，學歷不再只是「國中畢業」了。

我現在一有時間就會努力朝公職之路做準備，我會再接再勵的參加國家公職考試，努力成爲正武的公職人員，到那時我只要償掉這幾年的助學貸款後，我就可以有自己的夢想了。

我父親走得早，我母親中年便喪偶，她一個寡婦帶大我們幾個，備極艱辛，當初要是我再抱著逃避的心態一死了之的話，我想這些

債務只會留給她扛，而我的一死並未「了之」，適得其反的讓她晚年又喪子又得償還不肖兒如山的債務等總總的困厄！幸好當時我及時轉換心態、想法，沒做出傻事，否則問題非但沒解決，反而給我母親帶來更大的傷害。想起朋友鼓勵的話語：「沒有解決不了的問題，只有不肯解決的問題。」，讓我有勇氣活下來。

因此我今天才能深深體會：「自殺不是解決問題，而是製造更大的問題、傷害更多的人，是懦弱的表現；活下來，才是勇於面對問題、解決問題，才是勇氣的表現。」現在，我留下來了，我有勇氣解決了我自己造成的問題，我很驕傲的對自己說：「我是眞正的勇者！」

回首風雨再展翅

「歡迎光臨！」、「謝謝光臨！」如同大眾對便利商店工作人員的印象，這是我在工作時最常講的二句話。除了代表禮貌外，還包含了我對這份工作的熱情。雖然最後我仍像大多數隱瞞自己患有精神疾病的病友一樣，向雇主坦誠病況而藉故辭退，但經過二年後，再回想此事，我已經能以較堅毅的態度去面對這已看慣的塵世薄涼。

在便利商店工作時，我值的是大夜班，常常需在黎明破曉之際，拿著洗完拖把的污水前往店外的排水溝倒掉。就在此時，我隻身立在城市的深夜下，遠遠地望過去，街燈一盞盞的，像極了天上別了成排的璀璨珠瓔。城市的寬街闊巷、城市的風雲煙霧，對我來說簡直是又生疏又親切啊！每當天地收了遮幕，拾荒者陸陸續續地出現，盡是冷眼的我在一旁觀察，幾乎無法分辨出他們之間的差別。一個個黝黑的臉龐，佈滿了歲月滄桑。眼角和嘴角張開的細紋，有經歷

被遺棄後的無奈。蒙了一層灰的髮際，在清晨涼風的吹扯下，掀起一道道散亂的波濤。不管如何，現實逼得他們不得不如此。於是我想，患有「雙極型情感性精神病」（俗稱躁鬱症）已十幾年的我是否也該爲與疾病奮戰的歷程作個紀錄，順便仔細思索自己的未來，不然，我眞的很可能成爲那些如灰塵一般過日子的人，飄忽不定，無人關懷憐憫，最後落魄而終。

國中一年級時，由於學校採常態分班，我在競爭壓力較小的環境下，每次段考均是全班第一名，全校前十名。由於我就讀的學校是臺北縣的明星國中，再加上課表現非常優異，父母對我的期望相當大，相信我將來一定能順利考取建國中學和臺灣大學，而後成爲律師或醫師。到了國中二年級，我被分發至A＋班，班上臥虎藏龍。由於自己對學業的得失心太重，又總是考不進全班前三名，於是常有挫折感。此時，我發覺自己對聲音的適應能力逐漸降低，尤其是聽到各類球聲和下雨聲時，更是如坐針氈，不但因受到干擾而無法唸書，而且還會產生心悸、冒冷汗和莫名緊張的情況。

到了國中三年級，不能適應的聲音愈來愈多，有時就連遠方呼嘯而過的機車引擎聲都會讓自己感到害怕。漸漸地，白天上課和晚上強迫留校自習成了我每天最大的噩夢。早上不斷地趕課考試讓我的進度開始落後，晚上不斷地強迫複習讓我的情緒開始低落。高中聯考一天天迫近，自身卻因爲聲音困擾而無法專心念書，於是焦慮的情緒便油然而生，更使人沮喪的是注意力無法集中、容易分心、煩躁激動、腹瀉、偏頭痛和持續性失眠等也開始纏擾著原本就相當孱弱的身心。在學校，不管是課業和人際關係，我的適應的情況非常不好，於是開始出現諸如考試作弊，私自篡改分數以及爲了名次而和同學們勾心鬥角的行徑。在聯考前夕更索性不理會師長父母的「關切」，成了全前段班第一個拒絕夜間留校自習的學生。我知道在家中讀書的干擾會更大，於是我選擇了圖書館作爲苦讀的場所。剛上圖書館不久，我就發覺壁掛式電扇的轉動聲和人們椅子的移動磨擦聲會影響我讀書的專心度，於是圖書館亦成了我拒絕前往的地方。而後至K書中心也遇到了相同的問題，當時的我很氣餒，總以爲何以天下之大，竟無我專心讀書之處。這樣的情緒日積月累，漸漸將我的精神生活逼向潰決，在不知爲何會如此又無處傾訴的情況下，開始萌生與死神共舞的念頭。終於，我熬過了高中及五專聯考。意料之中，臺北市高中聯招名落孫山，於是我吊車尾地考上了宜蘭大學的前身—國立宜蘭農工專科學校。

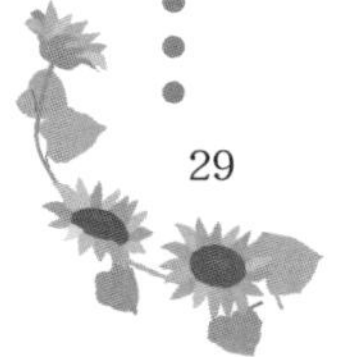

在此同時，『躁鬱症』也蜿蜒地攀上了我的靈軀。

就讀五專時期，疾病不斷地反覆發作。在尚未就醫一、二年級時，『躁』症發作的時間遠多於『鬱』症。那時每天大約只需要三至四個小時的睡眠就感到精力無窮。課業方面，在第一、二年級時更獲得全學年總成績全班第一名的殊榮；文字創作方面，從二年級開始即成爲校內外文學獎的常客；社團方面，則是擔任科內大型年刊的總編輯和學會的執行秘書。當時所展現出來的性格是對自己非常有自信、遇事當機立斷且不畏懼龐大艱難的工作、具有鋼鐵般的意志、長於社交，爲人慷慨大方，思潮澎湃洶湧、意念飛躍等……。

到了二年級下學期，開始定期至臺北長庚醫院精神科就診。經過與醫師多次的懇談，其判定我罹患躁鬱症，發病的原因是幼年時期的受虐經驗和國中時期的課業壓力，此外還併發「情境恐懼症」，也就是當我在某種情境下聽到特定的聲音時，整個人就會進入極端的焦躁狀態。那時，因爲租賃地點的改變，再次歷經聲音的干擾，干擾源來自鄰近室友房間所傳出的收音機聲音，就算已就醫服藥，『鬱』症還是頻繁發作。症狀發作時，整個人會對未來感到沒有希望，對凡事都提不起興趣，每天能做的就只是哀傷慵懶地躺在床上，早上睜開眼睛，就是等待夜晚的來臨，因此，我常缺課，使得成績滑落至全班最後一名。即使在憂鬱情緒稍微輕緩時，也會發生諸如毫無預警地突然心神慌亂，全身肌肉無法放鬆和對事事感到不安等無法控制的現象；接著，我有了閱讀障礙的問題，記憶力和思考能力也變得很遲鈍。我的精神生活被挹撙得蕩然無存，心中那面原本善感細膩的網，再也網不住生活中晶瑩剔透的點點滴滴。在無力、無助、無望、自卑，自貶、自責的情況下，我開始拒絕服用抗憂鬱藥物。

記得有一次夜晚，已持續幾天的『鬱』症發作至最高峰，我趕快尋找生命線1995專線的協助，但由於內心痛苦不堪造成的意識不清，已無法組織完整的句法結構，使得接線志工根本不知道我所言何物，由於對話沒有交集，於是我絕望地掛電話，而後拿出約五十顆被列爲管制藥品的助眠劑，準備服用後等待黑白無常的來臨。「如果人生最壞只是死亡，那麼生活中怎麼會有面對不了的困難」，以往總以爲前人用字誇張，如今才得知，他們說得還不夠透徹，還這樣留有餘地，在每個欲自戕的深夜裏，那淚珠一粒一粒地，落襟有聲。

五專五年級學期末，我車禍重傷。躺在病床上的我開始認眞地省視自己，過去的歲月看似濃妝艷抹，卻隱隱透著空虛，好像總是漏掉自己最願意把握袖藏的那一段。不過，那樣的懸崖年少，畢竟也一步步攀越了。在許多個深夜裏，回思著過往，心中不由自主地升起了淡淡的暖意，雖然嘴上仍是憤世嫉俗地厲斥體制內的一切並且怨恨老天讓自己擺脫不了病疾的羈軛，但其實，但其裏心裡卻是感恩的，不只是對人事、對學問，更多的時候，是對那磅礴豐沛的年少歲月中，上蒼的眷顧。

在開刀醫療住院的五十三天裏，爲了排遣寂寥，我重溫了紅樓夢，並閱畢高陽先生的「胡雪巖」和「慈禧全傳」。出院後，我在宜蘭的租屋處度過了二十歲的生日。那年，我的中國文史藏書已經突破一千冊。在那段折掉石膏後的漫長復健期，每天一睜開眼睛，想到的盡是各領風騷的先秦諸子；文彪史冊的兩漢魏晉；大家代出的唐宋極盛；華章紛呈的明清近世，我就快樂極了。能夠讀書，眞好。

如今，輕狂的腳步慢了下來，我大概也知道如何不重蹈覆轍，不再把未來構思成章章疑惑，昔日車禍的傷痕，也成了今日成熟練達的勳章。趁著在大學求學的階段，戢鱗潛翼、韜光養晦，以爲落溷做個準備。雖然我還是拒絕做個規矩繩墨之輩，不過，由於懂得善用週遭的資源，使得我能在疾病的限制之下活出最高品質的生活。現在，微笑的幹勁開始祝福著我，高昂的音符佈滿在青壯的歲月中，自己也學會以『以身相許』的態度眞心誠意地與躁鬱症和平共處，堅強地活到生命的不完滿裏。希望日後再以乘風破浪的豪情和強韌勇毅的生命力，突破疾病的限制，在風雨過後的湛藍天空裏盡情展翅遨翔。

約　定

至今每每不經意的望見手腕上那道淺紅色的傷痕，仍感到一陣心悸——那段不忍回首的過去啊！所幸，我撐過來了。而今，太陽底下的我和自己的約定：無論如何，絕不能再往黑暗的角落退縮。

小學的作文課上，老師總喜歡出些關於父親母親或是家庭生活的愉快回憶之類的題目，但這個時候對我而言是萬分痛苦的，我得辛苦的忍住眼淚，然後在作文本上虛構一篇美麗的幻想，爲著在我的成長過程中缺席的，我的父母以及所有應該有的快樂和溫情。童年那些永夜般的日子裏，絕望和希冀不停拉扯，掙扎在生與死之間，睡了又醒醒了又睡，斷斷續續的夢境連成無邊的殘破；忘了怎麼牽動嘴角，甚至無法控制眸中不停沁出的，帶著海水味道的泉……。

父親和母親的婚姻本不是長輩所樂見的，他們都還太小也太天眞而且沒有任何經濟基礎，這樣的結合風險太高了。但他們仍然做著那

不切實際的夢，仗著一紙薄弱的文憑和同樣薄弱的意志，就急著飛離家庭的保護和禁錮，他們是如此的年少氣盛，也急於表現，也是如此的稚嫩，以至於一年後我的出生使他們慌了手腳，於是父親不情願的回到家裡，要求祖母照顧我，但祖母不肯。「辛苦了大半輩子，好不容易養大了兒子，現在該是我享清福的時候了，竟然還要幫你帶這賠錢貨！」一聽是個女兒，祖母一眼也不看就拒絕了，但父親心意已決的把我放在地上，告訴祖母：「不肯帶就算了，就讓她在這裡哭死餓死好了」聽說母親懷我時經常以淚洗面，大概因爲這個緣故吧！我打出生就特別愛哭也能哭。勢嘶力竭的哭了一上午之後，祖母終於把我抱進門。

我是在祖父母家長大的，祖母愛打牌和簽六合彩，家中小小的客廳硬是擠了幾桌牌友，整日裏煙霧迷漫吵雜不堪，間或有人大聲互罵，祖母周旋其中招呼不暇，自然無法管我，而我也總是安靜的待在角落，不吵也不說話（倒是夜裡常哭得叫人發狂）。儘管長期吸二手菸和延遲就醫的感冒讓我患了嚴重的氣喘病，而飲食不正常也使得我較同齡孩子瘦小許多，甚至到了五、六歲還不會說話，父親和母親也幾乎沒見過。

弟弟出生後，媽媽辭了工作，和爸爸終於在汐止買了房子，也把我接過去。但由於不善理財，金錢問題時常成爲夫妻吵架甚至大打出手的主因，每當他們又打起來的時候，我就一邊試著阻止他們，一邊趁機跑到陽台大聲求救，直到鄰居幫忙報警爲止。

因爲時常跟爸爸吵架的緣故，媽媽的脾氣變得愈來愈暴躁，便將所有的不滿發洩在我身上，幾乎所有的家事都要我一手包辦，學校的考試也都要滿分才行，稍有不如意便是一陣毒打。和父母同住的那一年半中，每天總是早早起床，穿過長長的黑暗隧道和沒有斑馬線的馬路去上學，放了學回來墊著椅子開火作菜，燒傷、燙傷或被刀切到，再怎麼痛就是不敢哭不敢叫，著急的用水想把血沖乾淨，生怕媽媽看到又要罵我打我了。儘管小心，還是逃不過媽媽的鞭子，她總是咬緊著牙像是在抽打仇人似的，直到沒有力氣，我也已經哭不出聲音爲止，有時傷得重了，連學校也沒辦法去。

弟弟上幼稚園那年，父親和母親正式離婚，我身爲弟弟的附屬品被送回祖母家，一年之後父母相繼再婚，像是要徹底忘掉過去的錯誤般，他們就這樣把我和弟弟拋下了。

而祖母在有了弟弟這個長孫之後，原本對我的忽視轉爲厭惡，也許是因爲我長得比較像媽媽的關係吧！弟弟讀的是私立托兒所，每天祖母親自接送，端著最好的飯菜餵他，而我拿回的一張張獎狀卻沒有得到過一句稱讚。

由於幾乎不說話的緣故，學校老師常懷疑我是自閉兒，調皮的男生們也「自閉女」、「裝乖啊」的笑鬧著。夜深人靜時，被惡夢嚇醒的我獨自汗淋淋的無聲的啜泣著，透過落地窗漫進屋內的溫柔的月光讓我想到母親，她是不是已經忘了我？我到底做錯了什麼呀？此時我倒情願挨她打了，只因爲那雙令我懼怕不已的手，在要離開時緊緊抱著我，而雙手的主人，竟不捨的痛哭著……。

這樣的日子會繼續下去吧，忍耐著、等待著，期待著有一天，媽媽或爸爸會來接我，祖父母會笑著跟我說：「好棒哦！眞是個乖孩子。」但叔叔的一句話卻讓我失去等待的意義。一天下午，正在做功課的我受不了弟弟一再拿東西丟我，順手就推了他一把，而弟弟的力氣一向比我大得多，一下子就反壓著我一陣踢打，午睡的叔叔聽到吵鬧聲過來看，把我們分開之後冷冷的說：「都已經是沒人要的孩子，還這麼不自愛！」剎那間楞住了的我只能任由「沒人要」三個字一遍遍在胸中迴盪著，把拼湊百回的心徹底敲成碎片。

叔叔證實我一直不敢去想的可能那天，我把自己關進衣櫃放聲痛哭，原以爲自己會崩潰的，但哭過之後反而清醒了。我悲憤的寫了一封遺書後拿起刀片，顫抖著往左手腕劃了淺淺的血痕，就在終於用力一刀之後，我忽然眼前一黑失去了意識。

在我醒來時竟然看到爸爸和媽媽，知道自己的傷勢不重，是爸爸看了遺書後通知媽媽的，之後學校老師和一位社會局的楊阿姨定期找我談話，我也漸漸的會把一些心裡的話說出來，

媽媽也儘量來看我，一年大概可以見兩三次面吧。交了一些朋友，男生們也不再捉弄我而是保護我，漸漸的適應團體生活，到了高二時已經沒有人會說我文靜了，打工的地方大家也都寵我，一切似乎愈來愈好。

雖然家人仍然不喜歡我，但我慢慢的釋懷了，就像教會的姊姊說過的：「妳別老是背著沉重的十字架，無可奈何的事就交給天吧！我們只要盡力做好自己的部份就好了。」是啊！我相信，暴雨是爲迎接最美的彩虹，活下去，只要認眞(但不必太過嚴肅)的活下去，一定會有好事發生的。

去找啊！在一個可靠的人的懷裏大哭一場，然後勇敢的活下去，太陽底下沒有不可能的事也沒有注定永遠哭泣的人，「活下去」是我們的約定。

生命轉個彎

「人生嘛！」這簡單的一句話，是我的口頭禪，也是座右銘，更是我的人生觀。看似平淡無奇，其實蘊含廣博的意義，不論你遭遇多少不順遂的事，或是處在多麼艱苦的困境，都能提醒自己：人生是一段長遠的路程，凡事都要以簡單或詼諧的態度來面對。因爲這個題目喚起了我的記憶，我想坦然地說出過去那段慘淡的心路歷程，也藉此分享面對挫折、跳脱困難及擺脱憂鬱的態度和方法。

其實，有憂鬱情緒或自殺意念的人，大都有一個共同的特點，那就是不了解自己的意義，或不清楚自我的價值。我曾經跟這些人一樣，同樣有過輕生的念頭、憂鬱的情緒或自閉的傾向。「自己」，在我國中、小時候，這個淺顯易懂的兩個字，我仍感到陌生，並且害怕去嘗試瞭解自我的價值，出乎意料的是，經歷了三年人生的空窗期之後，終在專科生涯中探尋到自我的價值。

爲何在專科前找尋不到自我？甚至不清楚自己的個性、興趣和前途？換言之，我無法了解本身存在的價值！簡單來說，我是一個毫無主見的人，彷彿得了自閉症，嚴重到可形容爲了無生趣。畢生最大的轉戾點發生在國中生活，那段時期對普通學生而言，是輕鬆且愉快的生活，對認眞用功的學生來說，則是充滿著只要努力讀書，一定可以唸一所明星高中，進而上一所出名的大學，甚至有著出國深造的夢想，但我呢？我卻跟他們截然不同。

那晦暗的國中生活，在同學心中，我是個不常來上課、個性封閉，並不容易了解的人，在老師不重視和冷漠的態度情形之下，幽暗且滿腹挫折地度過國中生活。在國中求學過程裡，猶如坐雲霄飛車般地，一下爬到雲端，一下盪到谷底。當我陷入谷

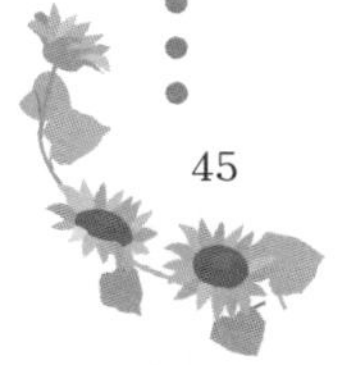

底時，卻無力向上攀升。入學時，我被分發至全校最資優的班級，有一位嚴厲的導師，還有因競爭激烈而互相充滿敵意的同學。

一開始我的成績並不出色，只是充滿好勝心的我，還是有著向上爬升的鬥志，但沒想到這時候，我生了一場大病，請了整整一個月的假。這麼一來，別說向上爬升，課業還遠遠落後，幾乎到了無法挽回的地步。在種種壓力及問題陸續產生時，我選擇了逃避這一條路，不敢面對一切和國中有關的人事物，走進自閉的世界裡，關起所有對外的窗户，相對的，醫生也宣告了我已患憂鬱症。

當時的我，走遍無數的大小醫院求診，無論中醫、西醫都沒有幫助，還一度有了輕生的想法，不過，那時腦海裡秉持著一句話：「身體髮膚，受之父母。」我知道，當下的我有多麼地卑微和苦痛都不能對父母不孝，最後傷痕累累的我，帶著哀愁進入五專。

令人意外的是，一年後，五專生活使我有了新的領悟和體驗，不是療傷而是重新振作再度攀爬至雲端。

學期初，渾渾噩噩還摸不清方向的我，學業成績並不出色，在班上也並不醒目。但在一次因緣巧合下，使我至今都仍感受到備受肯定，充滿信心的感覺，如同當頭棒喝！爲何我至今仍就清楚地寫出這段感受？原因就在一次父母通常不重視的家長座談會中，本班導師，當著其他家長的面前，向我父母說：「你這小孩很奇特，一定蘊含不少潛力．但他自己本身並未發掘，我在五專任教多年，未曾預見如同您小孩那樣具有無限潛能的學生，希望您不要主張將小孩轉系，要不然我也不想繼續任教了。」

就從恩師簡短幾句話裡，猶如千里馬經歷沙漠終遇伯樂，

我重新振作，找到自我的涵義和價值，進而了解本身的才能，充滿動力向未來邁進，如同恩師所言，半年後，我以黑馬之姿衝上本班第一名，並且因領導潛力的展現，使我順利成爲班代，同一時間，結交不少的知心好友，也參與社團活動，頓時，心胸變得寬闊，面對之後所陸續遭遇到的挫折，仍舊豁然開朗充滿信心，不畏艱難度過每一個關卡。

這樣特殊的親身經歷，對我往後的處世態度有了極大的影響，也學會了如何肯定自己，讓自己活得開心又有自信。不過，到底自我的價值如何找尋？我相信患有憂鬱或自閉症，甚至是自殺念頭的人，都一定共同有的疑問，而這個疑問很難獲得完整的解決之道。

古人有云：「以銅爲鏡，可以整衣冠，以史爲鏡，可以明得失，以人爲鏡，可以知興替。」我所要強調的是，自我的價值，並不能依靠自己就能找尋得到，而是必須藉由外在事物的反射，才能探索到的。至於這個事物可以是人、動物、或外在環境中的一切，倘若你一昧地站在自己的角度來看待，就如同井底蛙，永遠認爲天空是自己所見的那麼渺小，所以才無法找到自我的價值，最後因爲本身想法一直跳脫不了憂鬱、自閉的框框裡，自殺的念頭就這麼產生了。

在我國中的那段時期，我是孤立無援的，幸好，從每天和家人的對話中，發現就算被整個世界所遺棄，仍然可以感受到家人的重視；我出生在一個簡單的家庭，我並不聰敏，而父母更是對憂鬱症一無所知，我的姊姊自顧不暇，更別說小我四歲多的弟弟。不過，我只知道不能辜負他們對我的期望，就單靠這一點，我「苟延殘

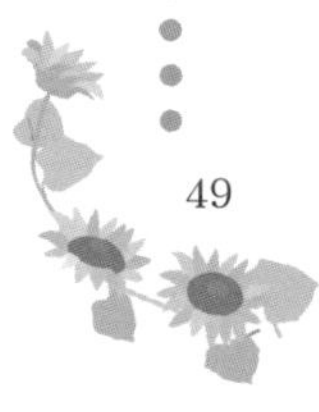

喘、咬緊牙根」渡過那段人生的黑暗期，這時的我，已無視他人對我鄙視的眼神、不重視的態度，雖然內心充滿創傷，但我仍寄望渺茫的未來，能有一絲光明。

事實證明，當初我沒有選擇自殺的決定是對的。而同一時間，我居然結交了一位跟我有著相同經歷的朋友，曾經，他是名列前矛的好學生，國小畢業後各自分飛，直到他因爲憂鬱症而找上我，我們才有了交集。這次重逢，從他身上彷彿看到過去的我，我了解他的痛苦、也深知如何才能走出憂鬱症。爲此，在我的幫助下，他找到了解決之道，也重新面對現實中的挫折，轉而用一種樂觀的態度與方式。不用多久，他和我一樣擺脫憂鬱，重新找到自我的價值。看到他的重生，我既開心也驕傲，更但願全天下被憂鬱纏身的人，也能跟我們一樣，找尋到自我。

從谷底至雲端，從陷入困境到走出陰霾，從尋找自己到肯定自己，甚至獲得他人肯定自己，這是人生中心路旅程的一大分歧；至今，我把在國中所遭遇的挫折視爲人生的一大幸運，假使沒有那些困苦的經歷，我可能只是仍舊渾渾噩噩地渡過下半生，如同人海中的一隻小魚，找不到自我的價值，無法發掘自己的潛能，更有可能和我那位朋友一起了結餘生，最重要的是，我就無法藉此文章來喚起塵封已久的內心痛楚，更無法提供給大家分享。

當然，再度證明一件事：困難、挫折、痛苦、悲傷，這些我曾擁有的經歷，只是人生中的一小部份而已，絕非生命的全部，正如同我座右銘「人生嘛！」

所蘊含的意義。無論是誰，都會經歷過挫折，當你處在人生的轉戾點時，你不應該是逃避選擇自殺，而是讓自己的心靈轉個彎，換個角度來看待這個世界，你將會發現先前自己未發現的地方，更能找尋到自我的價值，進而肯定自己，甚至使他人也肯定自己，創造出一個眞正屬於你的人生，共勉之。

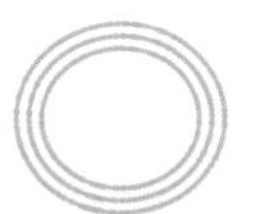

活著的理由

我今年二十八歲，回顧前面走過的歲月，曾經有許多次輕生的意念。卻在許多朋友的幫助之下，一次次幸運的走出陰霾。而今我試著說出自己的體驗，或許可以讓一些人們，在悲傷的當口也能夠回想一下，總有可以繼續活著的理由。

第一次想不開，是在國小四年級。不知道什麼原因，原本開朗的我，忽然變的憂鬱。總想離開家，逃到一個陌生的地方死去。偷偷計劃著，要怎麼遠行，塑造不爲人知的場景，靜靜脫離人間。當許多的事件都已安排妥當之後，把我挽留下來的關鍵，是見著新搬來鄰居的嬰兒。我雖然是女生，卻懼怕碰、抱嬰兒，一直認爲那是不可歸類的特殊物種。而這一天，那個嬰兒卻在被別人抱著的時候，不斷地不斷地朝著我笑，那種燦爛如陽光的笑容，使我啪的一聲，掉出眼淚。雖然已經過了十六年，那一種突如其來的感動，還是像

太陽般永恆。當年我對生活絕望的心思，就在那笑容中被找回。這一次的黑暗，因著如光溫暖的笑顏，將我拉回光明世界。

風暴青春期，十七歲的我幾乎就要投入蘭潭潭水之中，希望用這樣的手段來結束不愉快的專科生活。這一次自我毀滅，被一個好朋友搭救。她騎著腳踏車，帶著我兜風。在夜風中她聽我說，對於初次離家的不適應和課業上的無能爲力。她什麼話都沒有說，輕輕哼起了歌曲。我走入死胡同打了結的情緒，被她的歌聲靜靜平撫，慢慢想起許多值得我珍惜的事情。於是當她汗流浹背騎著腳踏車，把我送回家中之後，我明白活著不光是爲著自己呀，當

有人認定你是他的朋友之後，一個人是不應該自毀生命，因爲讓太多人心痛是不好的。

隨著歲月流逝處事思維應該日漸成熟穩重，對於憂傷的應對也該越容易找到出口，而習慣負面思考的我，卻仍舊在廿七歲面對碩士論文的最後階段，嘗試以死亡當成解脫。我當時住在十樓，每個夜晚總是如幽靈般在陽台遊走。室友是張老師的儲備成員，她察覺了我異常的舉動。經過旁敲側擊的談話，她認爲我的心應該是感冒了。她小心翼翼的說，或許找她的朋友看看可以改善。在絕望中的我隨便她怎麼說，自認爲反正都是要死的人，就算跟著她見幾個新朋友，也不會損失些什麼。

卻不知她的朋友，是學校的輔導老師。我在那一剎那間，尷尬的發

楞，完全不知所措。那老師沒問我系籍姓名，只是說「同學你辛苦了。」於是我哭了，眼睛成了停不了的水龍頭，嘩啦嘩啦流。就像要把一股腦的怨氣、心酸在這淚水潰堤時候，全被沖走。這哭泣持續了好久，四十分鐘內我除了哭還是哭。老師除了遞面紙給我，並沒有說任何的話語。在我停止啜泣之後，他才緩緩的跟我談了一些事件。老師問了我是否過去也曾有想不開的經驗，我說出了從小到大想離開的時候。老師專心的聽，直到我說完每一次走出的經過。最後老師給了我一些簡易的記錄卡，他說：「生活中總有高低起伏，你或許可以試著去寫下你的高興和難過，把影響你的事件全都記下來。如果陰天太多，請記得來找我，

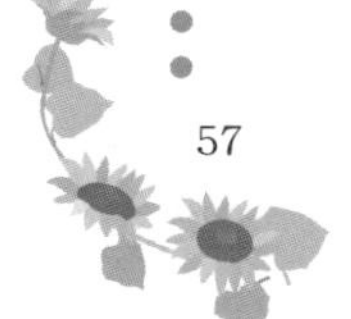

讓老師幫助你找一找怎樣才會讓太陽出來。

自此之後，我開始學著認識自己的脆弱。當我難過和不舒服的時候，懂得爲自己換一條路走，改變了過去一遇到挫折就想以死逃避的習慣。二十八歲的我，關於未來我認眞的譜寫全新計畫，自戕將不再是我的行程。因我了解，我有朋友還有輔導人員會幫助我，活著可以有更多理由，因爲體驗生命是恩賜，希望你也跟我一起緊緊掌握體驗尋常生活中的驚喜與感動。

走過藍色幽谷

午後，風輕輕地吹拂著，寂寥的巷弄，彷彿也沉睡了。這一刻，好像老舊的鐘擺，拖著沉重的腳步，訴說古老的故事。灰濛濛的天空，輕飄著細雨，好似我沉澱的心情，我無聊的望著窗外的世界，不經意的看到圍牆上，一隻孤伶伶的麻雀，羽毛微溼的站在角落，我的眼光被這熟稔的場景吸引著，思緒也悄然的開啓，往事一幕幕的播放著……

回想起五年前，我曾經徘徊在生死一瞬間，站在十六樓的高樓上，衝動地想要一躍而墜下，讓長期以來積壓在心中的所有痛苦悲傷，在跳下的那一剎那中忘卻，我要大聲抗議，所有加諸在我身上的所有憤忿不平，在重力加速度中結束這一切。是怎樣的痛，會讓我非得以生命來抗衡我的怨恨呢？十幾年來，我經歷過什麼樣的人生際遇？請聽我細說許久以來，我的心路歷程。

結婚後，我以喜悅的心情迎接我的孩子降臨，產房中嬰兒的啼哭聲，喚醒沉睡中的我，意外地聽到醫生對外子的低語，孩子因爲心臟衰竭，現在正在極力搶救，生命垂危中。聽到這樣的宣判，剛剛經歷過剖腹生產，身心俱疲的我，非但沒有爲人母的喜悅，簡直是掉入黑暗的深淵，抽搐的心，極度的痛楚，我吶喊的祈求上蒼，我願意接受所有的磨難，只要換回我孩子的生命，也許上天重憐，聽到我悲愴，椎心之痛的哀求，孩子竟也奇蹟似的存活下來，但是，接下來的生活，卻是所有磨難的起點。孩子罹患了先天性心臟病——心肌症。伴隨著智力的障礙，生命在呼吸間可能就消失了。這樣的情況使我再次面臨，孩子隨時死亡的恐懼中，晴天霹靂，讓我再度重擊而崩潰，我調整思緒坦然面對，唯母則強，再辛苦的日子，只要我的孩子平安的存活下來，我深信「只要活著，就有希望。」接下來的日子，我更是日以繼夜的穿梭在大小醫院之間，外子又因爲工作的緣故，外調到大陸，我肩上的責任更加沉

重，更要肩負起母代父職的工作，每天面對著繁重的工作，情緒常常莫名的緊張失控，晚上長夜漫漫的難熬成眠，加上內心長期壓抑，我終究是平凡的肉體之軀，熬不過身心俱疲的壓力，心力交瘁，終於病倒了，住院時，醫生聆聽我娓娓道來內心憂鬱的世界，夫妻常會爲孩子的問題而爭執，我在瀕臨破碎的婚姻中迷失，只想逃離這個世界，逃離十多年來的磨難，我不想再面對煎熬的生活，痛苦使我失去理智，也在同樣一個飄雨的日子，與外子激烈爭吵中，萬念俱灰，在生死線上徘徊，由十六層的高樓縱身而下，生命很快就會終止，痛苦終將結束，在那一瞬間，腦海浮現的是我重度智障的孩子，純眞的他，無辜的生活在快樂的世界中，怎懂得母親的我，經歷過無數的身心煎熬呢？割捨不下的是我的孩子，日後誰照顧他？我頭髮斑白年邁的雙親，與我摯愛的親人們呢？

腦海一幕一幕浮現的是九二一大地震，瓦礫堆中，重獲生命的堅韌

臉龐，挑戰生命的求生意志，在我生命即將停擺的一秒間，我突然大夢初醒般的徹悟了，撫平混亂的思緒，我明白世界終將不會因爲我的消失而停擺，時間過去，善忘的人們也會忘記曾有的悲傷，只有我摯愛的親人們，會在唏嘘難過中追憶而已，我只是天地間滄海一粟般的渺小，然而對我的孩子而言，我才是他們最需要的母親，即使他們的智力，無法像正常孩子一般的成長，最辛苦的日子我都熬過來了，現在有什麼不可以面對的呢？

以後的日子，也許一樣的艱辛，但是，我絕對不可以再逃避，放下心中所有的障礙，以後無論面臨再困窘的情況，也一定要勇敢的面對，一定要好好活下去，畢竟，每一個人來世上一遭，都有不同的責任與使命，我要尊重受之父母的身體髮膚，看重自己的生命，我現在終於了解，「心無罣礙，無罣愛故，無有恐怖，

遠離顛倒夢想」。「逃避不一定躲的過，面對不一定最難受，孤單不一定不快樂。得到不一定就永久，失去不一定不再有，轉身不一定是軟弱，別急著說自己別無選擇，別以爲世上只有對和錯，許多事的答案都不只一個，所以我們永遠有路可以走。你能找個理由難過，也一定能找到快樂。」

懂得放心的人找到輕鬆；

懂得遺忘的人找到自由；

懂得關懷的人找到朋友。

重生之後，有親人的關懷，朋友的鼓勵，我重新出發，我也相信，人生走到狹窄的地方，也會絕處逢生，秉持著路不轉我轉的信念，終究會有柳暗花明又一村，找尋到人生的桃花源。

「棄我去者，昨日之日不可留；亂我心者，今日之事多煩憂。」五年來，陰暗的日子漸漸過去，生活一樣，也是在大悲小喜中串連起來，我在歲月流逝中，也學會了強化內心世界，藉助靜坐、氣功、太極拳的練習來靜心，念佛、朝拜中提昇內心虛空的世界，我偶爾也會因爲生活中的不如意而孤單，但是，現在的我，已經能坦然面對生命中的起起伏伏，生活一樣有憂傷，但唯有自己堅定的意志，才可以幫助自己，面對生命的傷痛，唯有自己，才能化解心中的千千結。

走出生命的陰霾，我的孩子，今年已進入台中忠明國中啓智班就讀，即使我可能要面對失去孩子的痛楚，但是，身爲一個母親，能做的是緊守著他，伴著他一起成長，每天看他，天眞無邪的單純快樂，我心

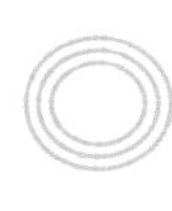

中又在煩惱些什麼呢？「活在當下，把握所有的」，其他的就交給老天，交給命運吧！最近，看到慈濟大愛播放「大愛的孩子」看到母親茫然的站在街頭啜泣，那一幕，深深刻印在我心上，我也曾經躊躇過，我也經歷過生命中的最痛，再也沒有什麼可以打倒我的了！未來的日子，我知道還很漫長，我已經下定決心，一定要好好的活下去，走過黑暗的生命幽谷，向悲傷的日子說再見，我的人生另一幕才開啓，我正在努力的扮演著我人生舞台的角色。

珍惜生命

生命其實非常地脆弱，一眨眼之間，你也許什麼都還沒看見，可是，也許生命就這樣消失了。

我是一個非常膽小的人，從小我在面臨許多事物時，總是抱著鴕鳥的心態，有許多次，因爲自己的錯誤，讓父母親們修理了一番，也許他們沒有傷害我的意思，但是，我不甘心，記得有幾次，和父母親爭執完之後，我就狂奔出家門，在家附近的廢棄地或者是家後的海岸邊，獨自生氣，有時候我會想，如果我跳下海去，他們就找不到我，等到他們發現我時，我就是一具冰冷的屍體，如此強烈的報復心態，終因爲父親或者是母親焦急的尋找，使我的心又頓時軟化且開心了起來，我也自知我沒有勇氣離開我愛的家人。

在我高中的時候，父親因腦溢血中風住院，生命危急，醫生說父親也許活不過兩個禮拜了，如果活了下來，父親最好的狀態也是成爲植物人。當時的我因爲學校的期中考，直到父親在加護病房中住了二天之後，不孝的我才去看父親，第一次看到父親插著呼吸器，昏迷在病床前，整隻腳因爲注射藥劑而腫成雙倍大，爲什麼爸爸會變成這樣？爲什麼我不早一點來？爲什麼事發當時我不在家？短短的會面時間，我牽著父親的手，什麼也沒說，只是一直哭、一直哭……。後來，父親度過了兩個禮拜的危險期，活了下來，奇妙的是我和父親之間似乎更爲親密了，以前的我做什麼事總只想到自己，現在的我做什麼事，會以家人爲優先，我總會慶幸自己還有父親可以愛。

然而，在醫院待了接近半年的時間，父親返家之後，似乎無法接受自己的「無用」，父親身體的左半部完全不能動，右半部的身體也無法協調，自己的身體卻無法自我掌控，他非常地懊惱，曾經父親在做復健

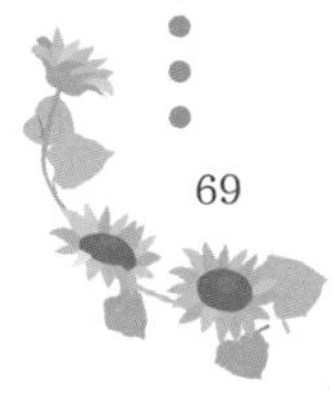

時，因為無法接受自己，便用盡全身力氣往地下倒去，錯愕不及的我只好努力地去拉住父親，看著父親額頭上的擦傷，我便忍不住的心痛起來，我什麼話也說不出口，我知道爸爸很痛苦，可是作為子女的我們根本就不捨得放手，所以就算再辛苦，我也想和父親一起走下去。

屋漏偏逢連夜雨，同年的十一月底，母親在凌晨外出買菜時被夜大學生撞成重傷，知道消息的那一瞬間，因為家裡還有躺在病床上的父親以及仍在睡夢中就讀小五的弟弟，只好由大姐一人到醫院探望母親，我眞的不想這麼慘，當叔叔載著姐姐由家門口出發之後，我便馬上衝到神明廳的面前磕頭，雖然有磕出聲響但我還是怕痛，我告訴神明我願意折壽換取母親的性命，我死了無所謂，媽媽活著就好。所幸母親的命是撿回來了，而父親也在我們分攤照顧一個禮拜之後，住進了新竹省立醫院與母親同住一房。

人總要等到失去之後才知道生命的可貴、才懂得要如何去珍惜生命，但我並沒有完全失去，所以我更加珍惜。也許很多人往往因一時之間的挫敗，無法承受失去的痛苦，選擇走向生命的盡頭，可是，卻從未想過，自己死後，家人心裡的重創與哀默。人生的路，本就是充滿著坎坷與苦痛，既然事情都已經發生了，那麼，就盡量去彌補生命中的不滿足，就如同黃昏落下之後還有黎明，黑夜裡仍有星星會發亮，生命總會有希望。

我不埋怨上蒼給我的考驗，一連串的打擊之後，我不氣餒，我告訴自己，未來事掌握在自己手上的，既然事情都已經發生了，我就要勇敢地去面對。痛苦是最好的成長；磨難是上天的鍛鍊！因爲這些考驗使我的人生更不一樣、使我更懂得如何去珍惜生命中的每一個人，我不放棄自己、不放棄人生，因爲活下去才有機會、活下去就會有奇蹟。環境不能改變，唯一能改變的，是自己付出多少的努力。一枝草一點露，天無絕人之路！

生命是一張單程不對號的火車票，在洩洪般的羊水自子宮傾流而出的那一刻，撕裂，啓動。

不是那麼幸運，每個人都能搭乘特快號列車；

不是那麼幸運，每輛車都能順利到達目的地；

不是那麼幸運，每個人都有欣賞沿途風景的能力；

幸運的是，時間雖不能回頭，你卻能選擇生命的方向；

幸運的是，就算被命運之神洗劫一空，卻還有許多人伸長手等著幫你；

幸運的是，你還愛那麼多人，而他們也愛你……。

憂鬱再見，陽光再現

「憂鬱症」─隱形的殺手。人的一生中需要經過許多的喜怒哀樂，有些人樂天知命、懷抱希望、永不放棄；有的人卻怨天尤人，遇上挫折缺乏適當的情緒調整及社會的支持，產生無法擺脫的低落情緒，這時情緒便會延伸爲病態，嚴重者甚至走上自殺一途。

據報導，現今因憂鬱症所衍生的社會問題已明顯升高，如影星張國榮疑憂鬱症跳樓身亡；名模徐子婷因感情因素跳樓……許多的例子證實著這樣憂鬱的藍色病毒正一步步的吞噬、威脅許多人的健康。情緒管理顯然已是現代人必修的學分！

回想過去，自小父母便離了婚，我一直過著不安定的生活，與阿公阿嬤同住，隔代教養產生許多溝通上的問題。加上父親多次的進出牢獄，我早對親情失去了信心，話說：「家是最好的避風港」，但我一點也不這樣想，我討厭家！慢慢的，偏激的想法出現在我腦海，我自我壓抑，表現假象的快樂，我當時覺得沒有人懂我，煩惱和憂愁是我唯一的朋友。爲了躲避父親，我離開了家，但那日子並不好受，成天被惡夢驚醒，對於日子越來越沒有安全感，對任何人都不信任，沒有家人的關心，讓我想擺脫一切的痛楚，記得我看著血流，卻不覺得痛，在意的只有心底的難過，忽略了皮開肉綻的痛楚。清醒後，也無法再重新來過，利刃已在我的手上留下深刻的烙

印⋯傷害自己似乎已經成爲一種習慣。當時我並不清楚何謂「憂鬱症」，更不知道那是一種病態。

當憂鬱來襲時，我感到孤獨、恐懼、越是想掙脫，它越是如影隨形跟著你，我不知道自己存在價值爲何？我彷彿深處世界的角落，再也找不到光的源頭，日復一日，咀嚼著自我放棄與自我掙扎。直到有天，聽見一位條件非常好的友人，僅有十六歲，卻因感情因素跳樓自殺了，我震撼也感慨，心想：「我不能再這樣下去，不能和她一樣。」意識突然清醒了起來，這一次我正視自己的心，我到高醫精神科去求診，接受諮商，志工小姐要我把注意力放在值得努力的地方，肯定自己的存在價值，我一陣思吟，是爲了自己而活，要活出信心。我聽見了。

我除了按時服藥，也盡可能的讓自己忙碌，參加學校的各種活動，我知道自己容易有傷害自己的念頭，我會不斷的用佛教輪迴關係提醒自己，痛苦只能不斷的重覆，那不是解脫，而是另一個苦難的開始。現在的我受挫時，會告訴自己：「天將降大任於斯人也，必先勞其筋骨，餓其體膚。」我要為將來的我而努力，我難過時，我會想著我比世界上許多人都還要來的幸福，我有弟弟妹妹陪我，還有關心我的朋友，壓力大時，我會為自己安排適當的休閒，看電影、大吃一頓、睡覺，都可以幫助疏解壓力。我要為未來的美好的人生，好好的活著！

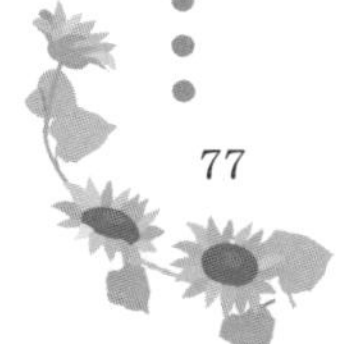

也許，不放棄夢想，勇敢面對自己，以家人的愛，朋友的支持關懷以及醫療人員的協助，讓在憂鬱黑暗中徬徨的我，揮別陰霾，再展笑容，讓憂鬱再見，陽光再現！

擁抱快樂

我得了憂鬱症，好幾次都有輕生的念頭……

生了病的我常常感覺全身無力，吃不下睡不著、注意力無法集中，跟周遭的人也溝通不良，無助感增加，也開始對身旁的事情漠不關心，也覺得自己是別人的負擔，不想去帶給別人麻煩，每次都想著把我自己反鎖在房間裡，那我也就不會去麻煩到任何人了。

說實在話，知道自己生病後的這幾個月，生活完全變了調，生命像是可以無所謂的拋棄一樣，一向開朗的我也不知道爲什麼會生這種病，也許就像醫生說的，「愈開朗的人，心情往往卻愈會往心裡面藏。」

以前不會哭的我，現在一想到自己的現況，絕望的感覺、無力的感覺，像是全都攬在我的身上了，便開始跟眼淚成爲莫逆之交的朋友。一開始，我也不知道自己生病了，只覺得身體很不舒服，變得連一點力氣都沒有，整個人懶洋洋的只能躺在床上，連說話的力氣都沒了，當時我只覺得四週的空氣突然變得好稀薄喔！我就快缺氧了，刹那間！我眞的覺得我就快要死掉了。只能一整天都躺在床上的我，什麼都不能做，家人看我這樣要死不活的也看不習慣，開始變得很討厭我。後來這段日子我就變得獨來獨往，不跟任何人交談了。

而我精神也不能集中，還會恍神，情緒也不穩定，所以要停止一切的事情，不能再被刺激了。而我每天一定要按時吃藥控制，每週要回診，要連續治療半年，家人就覺得我沒病幹麻每天要吃一大堆的藥，還去看什麼醫生啊！也不能體諒我。

我每次都只好自己走好遠的一段路去看醫生，等好久後，看完了

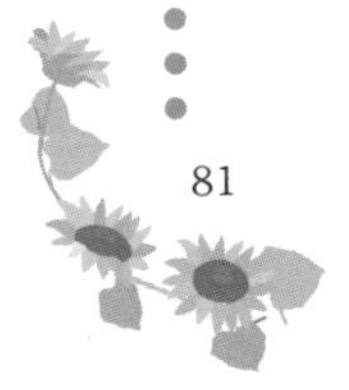

醫生再自己走回家。有時候去看醫生時，還會被家人調侃說，「沒病！又要去看醫生了喔！」在走回家的途中，好幾次我都想要放棄治療了，因爲我有種無力感，家人又不能體諒我，身邊也沒有朋友，我眞的覺得好孤單喔！每天也就不想回家了。直到有一天，我帶著一顆籃球跑去球場打球，在打球時我流了好多汗，在這過程當中我竟然忘記了我的一切，也不再讓痛苦繼續了。

之後，當我拿起這一顆籃球時，盡情地揮汗在這球場上，瞬間就能將不愉快的憂鬱情緒和壓力都拋在腦後，專注在這小小籃框裡大大的世界，這一切！我尋找到屬於我自己的自由，也換取到了快樂。

每一個拋物線，就是我忘記憂鬱的痕跡，我發現我喜歡這樣的自己。也想到我跟一個人有一個約定還沒實現，我怎能就這樣放棄自己的生命呢？而現成也因爲有那顆球的支持，我好多了。

而有一位朋友，他知道我生病後，每天都聽我訴說著心事。我發現，當自己憂鬱時，身旁有個關心、陪伴你的朋友是相當重要的。也因爲這樣我都一直麻煩著他，他也習慣讓我麻煩，對我毫無怨言的陪伴，我很感激他。

週遭的朋友是股支撐的力量，有人願意聽你談談心，聊聊心事是很重要的宣洩管道，他所帶給我的關心、體貼，也是讓人感到相當溫暖的，之後就會覺得連朋友的聲音都是一種穩定的力量。

我很明白他想改變我，每次跟他聊天都可以知道他又想爲我做什麼事情了，他教著我如何面對挫折「簡簡單單的看淡它，想著短暫的

時間就忘了，也不需要太在乎這挫折帶了來怎樣的打擊」他總是可以說著給予我力量的言語。

要我學習著如何快樂，他帶給我最大的影響就是讓我學會如何快樂，就是「做自己最快樂」，這位朋友就是讓我重新認識了「快樂」，而把莫逆之交的「眼淚」給忘記了。

他不讓我一個人孤單過生活，要我去找朋友，然後如果當時只有我一個人，情緒稍稍不對勁時，就會要我從記憶中找尋快樂。什麼事情就是要以快樂爲基準點，做什麼事情就是要以快樂爲中心，而且所謂的快樂還要是「眞快樂」，不能是「假快樂」，爲別人的快樂而讓自己擁有的假快樂是不允許的。

這樣就不會有眞實，要是發自內心擁抱的快樂，臉上笑起來的笑容才會是眞實的。虛假藏於內心的假快樂只會讓我重蹈覆轍，又將心事都藏在心中了，但偏偏自己卻又會沒有察覺到這樣就糟了。現在的我已經可以慢慢學會控制自己的情緒，不像以前情緒常常會不穩定，變得非常暴躁，那時候的我就會變得很害怕，沒有原因的害怕，身體和心靈沒辦法合爲一體，然後又開始哭泣了起來……會覺得自己又是一個人，好孤單寂寞空虛的感覺。

不管是面對怎樣的挫折，都不能將它留在心中太久，因爲其實是可以讓自己快樂一點的，學會了讓心情是快樂的，那挫折的失落感也不會停留太久的。要尋找到快樂，就要做自己喜歡的事情，最有興趣的事情，只要找到自己有興趣的事情後，然後集中精神去做它，就會忘記你的壓力和憂鬱情緒究竟是來自何方？最後你會發現這些東西早

已遠離你，因爲它們都已經不復存在了。

朋友在生命中扮演著太重要的角色了，有了知心的朋友扶持著你，現在那種感動的感覺，想想還會讓人久久不能自己。而且我那位朋友在生命中最脆弱，幾乎快失去自我時，給了我很貼心的一句話，他說，「現在的你，只要快樂的過每一天就好，其他的都不要想太多。」有時候想想我的快樂都是他帶給我的，擁有了這樣的好朋友，怎能使人不感動呢！

我現在已經不會隨隨便便的想要拋棄生命了，有挫折遇到難過時，與知心朋聊聊天，傾訴一下心事是個很好的方法。

最後用我朋友說過的話，給所有想要拋棄生命的人，那句話就是：「做自己最快樂！又何來的自殺行爲？」

走過自殺路

每天，翻開報章雜誌，總會看到一些人爲情自殺，爲龐大的經濟壓力、債務……等等的問題走向不歸路。

最近自殺的人潮又更多了！其中以影星應采靈與徐明的女兒徐子婷，最爲轟動！一個正值青春年華，在最美麗、最活潑的年紀，因爲「愛情」，而選擇走上「不歸路—自殺」，實在令人感嘆！

很多人總說選擇自殺的人很懦弱、自私，我倒覺得不見得！並對選擇自殺的人，寄於一絲絲同情，怎麼說呢？因爲通常要自殺的人們總會在言語、舉止、甚至是在隨手塗鴨、日記上，透露出了MESSAGE，他們在向人發出微弱的SOS求救訊號，只要週遭的朋友、家人、親戚多留心，多注意，一定可以查覺，並幫助那些有痛苦和死亡邊緣掙扎的人，或許看到這邊，大家一定覺得爲什麼我的見解和別人不同？或

許也已經有人感覺得出來了，沒錯！因爲我自己曾經自殺過。

我在2、3年前，也就是在國中時，曾經爲了愛情而決定傷害自己。當時的我，日日夜夜受感情困擾！家人的反對，擔心男友因此而背叛遠離自己(很蠢)每天晚上總是流著眼淚寫日記，在某一天晚上，又因男友的事被家人責備、打罵！在房間內，獨自對著鏡子發呆，看著鏡中的自己，臉頰紅腫，全身狼狽不堪，我那時眞的不知道自己活在世上，究竟爲了什麼？爲了誰而活著？然後，痛苦佔滿了我全身，我想到了「自殺」，偏偏我又非常怕痛，憤而之下，將鏡子摔破，撿起一塊如拇指大的碎玻璃，含一口水，像呑藥一樣呑進去，而在下一刻，我也後悔了，我頭一次害怕什麼叫「見不到明天的太陽」！我甚至能夠感覺到玻璃在經過我的咽喉，緩緩移向胸腔，然後漸漸往下滑動，或許掉到胃裡了吧，我閉上眼睛想像玻璃將我的內臟戳得稀爛、流血，我因爲內臟出血而死亡……，不過，非常幸運的，我沒有死，經過了那麼久，我也不知道玻璃是否仍殘存在我體內。

經歷了這一次的事，除了讓我體會生命無價，更讓我珍惜現今所擁有的一切，要跨越生與死的大門對我而言，它太沉重也太使我恐懼，我還有許多夢想、許多希望尚未完成，所以，我同情選擇自殺的人，他們有可能眞的是被折磨得不知該如何是好，才會走上這一條路，但也不能因爲想不開而放棄自己啊！看看電視上報導的自殺者的家屬，哪一個不是哭得死去活來，肝腸寸斷，有點良心吧！別讓眞正愛你的人爲你落淚、傷心啊！

在人生的舞台上，一定有你自己一個特別的位子，世上只有一個「你」是獨一無二、無可取代的，只看自己如何創造自己罷了，情緒低落更是難免，自己一定要打起精神、堅強起來，也可以到各個社福中心當當志工，你會發現自己是多麼的幸福！

更希望每一個人多多關心身旁的每一個人，只是一個小小、善意的溫柔、關心，也能減緩別人的痛苦和絕望！也可以有效的利用社會的資源，如：生命線、青少年福利服務中心……等等，相信只要你肯跨越心中那陰影，每一個人都是願意幫忙的。

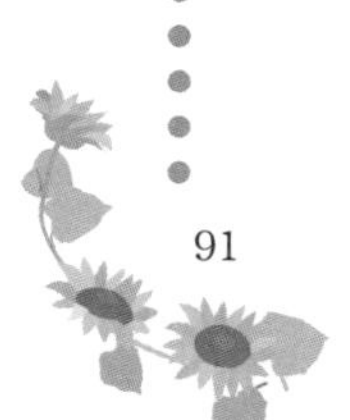

我的文筆、修辭不是很好，但我希望憑著自己這篇文章，鼓勵所有在痛苦、絕望中掙扎的人，並藉自己過去自殺的經驗，勸有自殺念頭的人打消，自己認眞活著才是最重要，希望大家都能夠努力、認眞的過每一天！加油！

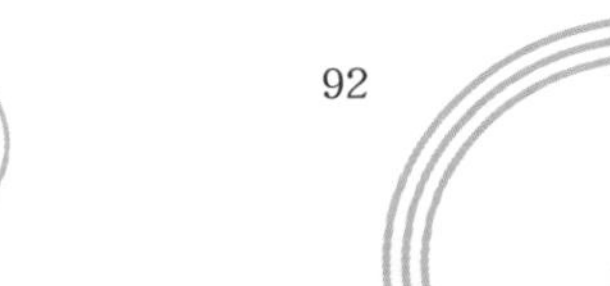

向自殺說NO

在現代的生活中，處處充滿著壓力，緊張的情緒壓迫著每個人的呼吸。對心理醫師的依賴愈來愈大，但是有些人卻不懂得找尋抒解的方式。每個人抒壓的方式不盡相同，有些人一時想不開甚至選擇自殺，以爲死了就能夠一了百了，然而，這是最傻的方式。今年十一月，我將滿十八歲，我已有過許多的不如意經驗；跌倒了，又爬起來。我曾有過三次輕生的念頭，每個階段的輕生理由都不同，現在回想起來，覺得那眞是一件好傻好笨的事！現在我對那些事已有不同的想法，不同的體驗，若再度遇到挫折，我絕不會以這樣的方式處理。就讓我先說說自己的小故事吧！

記得，第一次有輕生念頭，是在國中一年級時；國小成績一直都很好的我，在國中一年級的第一次段考後我開始感受到無比的壓力，一直到了國一上的學期末，我的成績依然一敗塗地。記得那是放寒假

的前一天，發下考卷，我被自己的成績嚇到了，第一次考得如此之差——不及格，斗大的紅色筆跡，讓我害怕，我不希望媽媽看到我的成績而失望，我不敢回家，一下課，我就躲在廁所裡哭，一直哭，哭得泣不成聲，後來，我咬了自己，很用力的咬了自己，咬完之後，發覺這樣比較能讓自己不那麼難過，一直咬，直到滿手都是齒痕。放學時，好友發現我不見了，跑去找老師，大家找了很久，我躲在廁所理不敢出聲。後來老師發現我在廁所裡，大家要求我快開門，不知過了多久，我開門走出來，同學們一湧而上，老師要同學們先回家，老師留我下來作溝通。老師說了好多好多，但我只是一味地哭，完全沒聽進去老師的話，模糊記得的是，老師

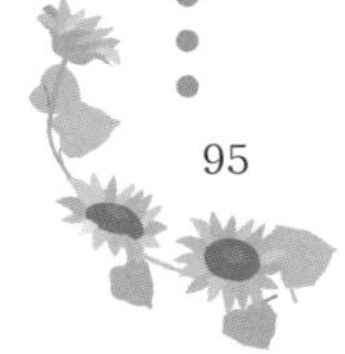

語重心長地對我說：「曉涵，你有沒有想過，你這樣做最心痛的是誰？是你的父母，也許你覺得這樣的抒解方式是好的，但你有沒有爲愛你的人想過？」當時的我，年紀還小，當然不太懂老師的意思，但至今這段話仍印象深刻。談完話，老師請媽媽來接我，我以爲媽媽會很生氣罵我考的爛成績，但當我一上車，我就知道自己眞的傷害到媽媽了；媽媽的眼睛是紅的，她一句話都沒說，只問我會不會餓。當時看著媽媽，我的心，是痛的。

第二次，則是友誼，我是個很重感情又富正義感的人，父母最擔心我這一點。記得當時好友離開了我、排斥我。再過幾天就要露營，原本分好的小組，朋友們卻開始想要把我踢開。我好難過，我不知道自己做錯了什麼？只因爲，班上一個女生被我的好友欺負，並召集了別班的女生，一起怒罵她，老師發現時，就問是誰做的，當時我們一群人，當事人、旁觀者全都在場圍觀，其中一個好友承認了，老師一直罵她，我當時不假思索就說出還有其他班的，就這樣我被排斥了，因爲朋友們說我出賣了他們。我原本快樂的國中生活，就在這一次事件後蒙上陰影。我開始不想上課，因爲我覺得自己沒錯，卻又無法忍受沒有朋友的孤單生活，無法忍受別人異樣的眼光；這一次，我沒有再咬自己了，卻老是想著爲什麼我要活著，每天過著不快樂的生活？後來，我把重心放在課業上，每天看書、練琴，做些事情分散自己的注意力，在這段期間，我得到了很多獎項，全國長笛比賽優勝、第一名；投稿的詞曲也被錄取。我漸漸懂得如何抒發心情，雖然回想起往事還是會很難過，想到還是會不經意的泛紅眼眶。過沒多久，朋友們開始找我，誤會解開了，我們又像「筆硯相親」！

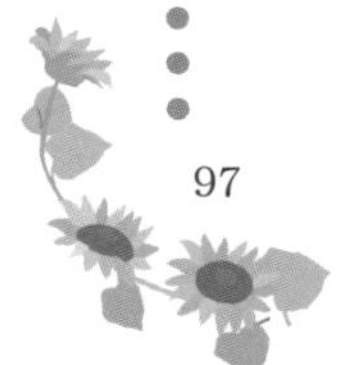

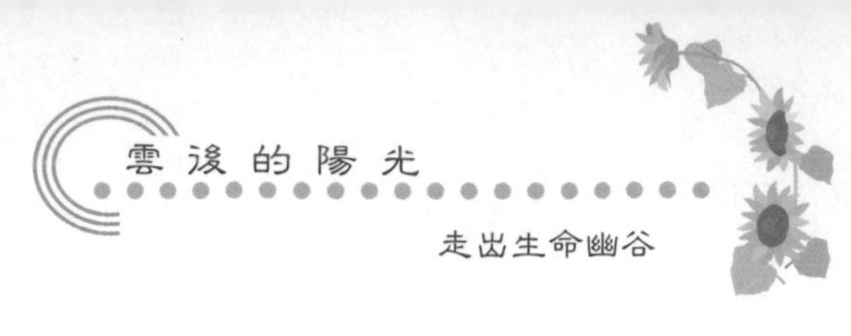

第三次，距離現在不久，在我高二上，這次就眞的是很難恢復平靜心情。原因，則是電視新聞中常常報導的，「情」。

一個與我交往一年的男孩子，我的初戀，我們曾攜手克服過許多困難，跟他在一起，我的成績一次比一次進步。愛情，讓我學習到好多好多，不管是情感方面，或是做人處世。父母知道我很重感情，他們怕我若談戀愛，會受傷，會輕生。他們很反對我們的交往，但我們都跨越了，在師長、教官、父母的反對下，我們互相鼓勵，希望讓父母知道我們在一起只有益處無壞處，我們相處得很愉快，他成了我天天上學、努力唸書的動力。因爲年輕，因爲情竇初開，第一次的戀愛，難免有點夢幻，我一直認爲我們兩個會在一起很久很久，也許會結婚，他也給了我很多的承諾，當時的我眞的好開心！升上二年級分班後，我們的感情開始出現裂痕，幾乎天天吵架，直到我的生日前夕，他提出了分手。我以爲只是嘔氣，像從前一樣，但他這次卻是認真的。這對我來說是一個晴天霹靂的消息，我很傷心，第一次，哭的如此傷心，彷彿失去空氣般，呼吸困難，很難用言語形容我當時的心痛；我丟下自己的尊嚴，我哭著求他，別離開我……。

那天，媽媽在校門口等了我很久，不見我下樓，她很擔心，等了半個多小時，才看見我哭著下樓，媽媽很生氣的一直罵，我第一次對媽媽頂嘴，爲了一個我生命中的愛情過客。我天天哭、日夜哭，在媽媽面前卻掩飾著自己的心情，強顏歡笑，我的心眞的好痛！每天早上一到學校就是哭。某天體育課，我趁著同學不注意，拿起樹枝，在自

己手上割下，滴滴鮮血如未旋緊的水龍頭，幾乎讓我失去意識，朋友們見狀，趕緊跑到我身邊，他們抱著我哭；兩個月了，在那一次，我痛哭失聲。

任何傷痛，對我而言，愛情是最難平復的。除非自己想通，否則只會讓自己一直活在愛情的狹窄陰影裡，旁人的安慰都沒有用，沒人能夠幫忙自己解脫那種痛，只有靠自己才能夠走出陰影。在體育課之後，我忽然想通了，我在假日時買了一些書，看了愛情專家寫的愛情故事，我漸漸打開心扉。雖然，每個夜晚，都是如此難熬，平時與他的相處時間，突然間，空了出來，好不寂寞……但是，我告訴自己，我一定要勇敢站起來，我還有愛我的家人以及朋友。一個變了心的男孩子，不值得我這樣爲他傷心。

從這次挫折中爬起來後，一天朋友告訴我：『曉涵，你知道嗎？

你傷心的那段日子，你媽媽有來過學校，我們聽到她向老師打聽你的近況，你媽媽講到眼睛都紅了，你知道嗎？你有很愛你的父母，別再做傻事了！』聽完，我抱著朋友們，再度哭泣。我知道，一切都將過去了。

因爲這些挫折，我學習到好多好多，生命，不僅是自己的，亦是你身邊所有愛你的人的，我做出的傻事，傷害了好多人，他們擔心我的痛，比我手上的痛還殷切，當自己被現實的社會壓迫到喘不過氣時，不妨想想，其他更美好的事物，生命是彩色的、是多采多姿的；鑽牛角尖，只會讓自己痛苦加倍。當你回想起其他美好回憶，你會發現，其實自己很幸福。因爲我們擁有世上萬物沒有的無價之寶。不管是親情、友情、或是愛情，都有酸甜苦辣的

滋味，每種滋味，都有不同的感受；很苦的時候，你可以想想甜甜的滋味。每一個人的人生都不會是黑白的，就看自己如何去想、去創造，留下的回憶永遠是美的，好多年以後，想起某個人對自己的傷害，就不再覺得痛苦傷心，心裡反而有一股甜甜的滋味擁上心頭，並會心的一笑。

千萬別輕易的傷害自己，那是錯誤的選擇，一旦眞的出了事，後悔就來不及，請想想所有愛你的人，人生的路程很漫長，一次的挫折、失敗不算什麼，在挫折過後，剩下的就是成就與成長；往好的地方想，眞的，會發覺這世界，如此美好！

生命抉擇，告別死亡

一路走來，我何其有幸，總是在失意或危難中，碰到貴人相助，但並不是每次都可以如此幸運的，翻開報紙或打開電視，總是一些人無法突破自己的難關，總以爲一死百了，唯有一『死』可以放下所有煩惱或者可以喚回自己曾經失去的眞情，是嗎？

我並不這麼認爲，在我國小三年級的時候，我曾經因爲一時與父親賭氣，險些鬧出人命，看著自己鮮紅的血一滴滴從手腕冒出，剎時間，我整個人清醒了，不過是芝麻綠豆的小事，有必要賠上自己的命，失去自己喜愛的東西嗎？但那時的我，畢竟年紀還小，其實是被那種情境嚇到了，想一想『死』的方法有很多種，不一定要如此地痛，也有寧靜安祥的方法，可以達到目的。

而打消『死』這個念頭，是在我國二的時候，大我五歲的堂哥突然因心臟衰竭在半夜悄悄地離開了人世，雖說生老病死在一般看來，是多麼

平常的事，每個人都會走上一道，對我的人生卻起了不小的漣漪。

怎麼說呢？我從來不曾仔細關心過週遭的人事物，我連堂哥的名字叫什麼，我都不知道，直到他走了，我回首過往，在他的一生，我跟他說過幾次話，用手指頭都數的出來，不超過十次，因爲總是覺得不可能突然就看不到他，所以他的死對我造成蠻大的震撼——生命的無常，人是非常脆弱的，稍有不注意，你(妳)就會失去寶貴的生命，也回應了作家朱自清的『背影』這篇文章，如果我們不把握住眼前的幸福，珍惜現在所擁有的，等到失去，再來懊悔，一切都來不及！因此，我不再消極地面對自

己的問題，我很珍惜我跟週遭人事物的互動關係，並適時釋出善意，讓別人知道你(妳)在關心他(她)。

再來是我的父親中風住院，一個意氣風發的大男人突然就這樣倒了下去，週遭的一些知心朋友和家人仍不離不棄地照顧他，但是照顧有限，如果再像從前，不注意自己的健康，恣意糟蹋自己的身體，難保不會再發生生大病的情形，因此靠自己才是上上之策；最後，就是我自己，雖然我不像重病之人來的嚴重，但是發作起來，仍是痛得不能走路，我罹患一種鑾罕見的疾病，左側骨盆腔少一塊骨頭，身體與腳之間又少了一個骨膜，導致整個身體施力不平衡，而有脊椎側彎和長短腳等病徵，該怎麼治療？目前只能服用中藥減少發炎的次數、降低體重，以免增加身體的負擔，以及復健，等到痛到無法行動，再開刀復健吧！我也曾經怨天尤人，爲什麼是我？我又沒有做什麼大惡之事，爲什麼必須承擔這樣的痛苦？可是每一

個人都不完美，多多少少都會有挫折，如果一味地抱怨，對事情並不會有所改觀，所以只要以一種快樂的心面對，所謂「歡喜做，甘願受」，想了那麼多，幹什麼？對事情並不會有助益，只會產生阻力。我相信有夢最美，希望相隨，快樂就好。

總而言之，人生不可能總是一帆風順，時有悲傷，時有痛苦，時有快樂，時有開心，該如何去調適？我的經驗法則告訴自己，今天你會覺得痛苦，是因爲掙不破那層網，想不開、突不破，出去走走轉換心境，去看看比自己可憐的人比比皆是，或多從事一些休閒活動，聽音樂或看電影，再回過頭面對問題，而不是自怨自艾，對事情沒有幫助，所以送給正在生

命邊緣掙扎的人們，『放下』——適時拋開不滿的情緒，想想週遭與『捨得』——有捨必有得，有得必有捨，人生不見得十全十美，看開，退一步想，海闊天空。

選擇

因爲我本身有憂鬱症，所以這個題目對我而言實在是一種挑戰，因爲我常常在自殺，無論是亂吞安眠藥、割腕，甚至是跳樓未遂，雖然現在的我仍然活著，但是心情一不好仍會想自殺，這一路走來家人受了不少折磨，教會的人也一直不停關心著我的近況，好朋友也陪伴著我；然而重要的是自己怎麼想，因爲能拯救自己的只有自己。

向自殺說NO！或許在想不開時找人聊聊天，心情會比較平靜。我哥哥曾告訴我：「父母死了，孩子是把父母埋在土裡，而孩子死了，父母是埋在哪裡，你知道嗎？是埋在『心裡』成了心中永遠的痛。」一有自殺念頭時，趕緊想想身邊許多愛自己的人，想像一下若是自己的親人或好朋友自殺了，你會有什麼感受，也許情況會有所改變。自殺的聲音像是撒旦的化身，叫你一步步朝他靠近，這樣想『自殺』變得多可怕阿！

對於自殺我也正在努力克服，若眞的很不想活時，就想想國中老師曾說的話很有用『你今天死了，明天太陽依舊從東方升起，天空一樣蔚藍，天地並不會爲你而有所改變，一時地想不開只會傷了身邊愛自己的人，時間不會爲你停止，事情不會得到解決，死只是逃避而已，不如勇敢面對才是好辦法！』

爲了避免一遇到挫折就想自殺，我覺得最好的辦法，是平常就建立不逃避困難的觀念。沒有解決不了的事情，只有鑽牛角尖的想法帶來心靈的無助。受傷時趕快撥打救援電話，例如找好朋友傾吐心事或是找自己信任的師長尋求心理上的安慰。而信仰也是一個不錯的幫助，有一首詩歌叫『選擇』，歌詞告訴我們『人間有天堂有地獄，天堂地獄只有一線之隔，要看自己的選擇讓自己決定』不勇敢的自殺或堅強的活下來只差一個念頭，在決定自殺前先對自己說：「這樣會讓很多人心痛，讓很多人受折磨。」或許就會決定勇敢的活下來吧！或許是我比較幸運，在尋死及傷害自己時，總有貴人即時地出現，並且鼓勵我、安慰我，在送急診時也看見很多人爲我掉眼淚、心碎，想想眞不該這麼讓人傷心，所以現在在我想死前會先打電話尋求安慰，盡量不像從前一樣只想著自殺，希望大家都可以爲身邊的人想想，自殺是最愚蠢的行爲！

孤　星

盤旋中的羽翼，在茫茫的夜海中，何時才能找到孤星？當赤紅的鮮血灑上寂靜的夜，世界是否因我而改變？

我在找一顆星，一顆最特別的星—孤星。寶石般的璀璨是人們所欣羨的光芒，夜空中綻放的絢麗光彩是我想追求的夢！刺眼的陽光照進屋內，今天又是嶄新的一天！我對著鏡子露出一抹自信的微笑。湛藍的晴空無意間想起那藍色般的憂鬱。

在決定我未來志向時，期待的目光一直跟隨著我，壓的我喘不過氣來。他們認爲明星學校對我而言是綽綽有餘，但對我而言卻難如登天。從小，就竭盡所能配合他們心中完美的一顆星，然而我就像那平凡無奇的石頭，終究無法成爲耀眼的寶石！放榜的那天，突然間覺得今年的陽光好刺眼，但冰冷的空氣在我四周凝聚著。憶不起是雨還是淚，看到的只是無限的灰心！他們對著我微笑，安慰我要我別難過，勇敢向前看。可我卻看到那眼角的淚光，最體貼的父親、最慈祥的母

親，最引以爲傲的哥哥，最疼愛我的姊姊以及伴我長大的老師，我不再是他們完美的星。

漸漸的，憤怒的眼神指責我的不是，怒罵我的失敗！也許沒有一件事情是令人開心的，不論任何事都覺得好失敗。我開始逃避一切，害怕跟他們說話，厭惡所有的一切。空洞的眼眸在尋找孤星，我在黑夜中盤旋，飛不出出口，只能盲目的在找尋光芒！我聽到有人的呼喊，看到紅腫的雙眼，感覺到失溫的手抱著我，失去靈魂的我只覺得好累好累。

寧靜的夏天，狂亂的時間跳動著，光明成黑夜，一道利刃瞬間將夜染成最鮮紅的顏色，綻放出一抹最淒美的微笑。

雪白的四周是天使的顏色，但濃重的藥水味會是天使的味道嗎？戴著一頂針織帽的女孩出現在我眼前，她是這家醫院的「常客」，我很佩服她那堅強的微笑，在化療的過程中，她未曾喊過痛。她說她在和時間賽跑，她要在上帝給她的有限時間綻放出最燦爛的生命！封閉已久的心似乎有一道縫逐漸破裂。她說在復健室會有我在找尋的答案。每雙熠熠的眼神振撼著我的心，那堅毅的淚水在他們身上，跌倒了再站起來，小心翼翼走過那佈滿荊棘的人生！忽然間，心中無形的牆已瓦解。這裡的每個人始終不曾放棄他們的人生，勇敢接受上帝的考驗。其實沒有人是平凡的石頭也沒有人是璀璨的寶石，只要你能肯定自己，給自己一個不留白的青春，你就會是那最美麗的孤星。

感謝上帝又給了我時間體驗這一切。今天的陽光好溫柔，輕風拂過我臉上也吹進我心坎中，我給了自己一個最燦爛的笑靨！在佈滿荊棘的道路上，也許會傷痕累累，但只要有一顆堅毅的心，肯定自己，終將使你的人生發揮的淋漓盡致！

看見人生光芒

曾經，我也想過要自殺，這是許多人都無法相信的事。因爲平時的我總是打打鬧鬧，笑容滿面的，在大家心中是一個開心果。

這事要說，要從小學開始，甚至是更早。

從幼稚園開始，我就很喜歡看故事書、名人傳記、慈濟雜誌中的小故事……等，都曾是我童年中不可或缺的寶物，我的人生也從那時開始變得五彩繽紛，從故事書中，我了解了這世界是美麗的；名人傳記也使我成爲一個有正義感的人，每每看見別人作錯，我都會試著糾正他；慈濟雜誌也使我成了有道德感、責任心重的人。所以一進小學，注音、國字我比別人看得快，這不是我在吹牛、誇大，是因爲看書眞的是一件有益的事。

在上了小學、交了朋友，我也成爲世界上最快樂的人，成天無憂無慮，故事書使我深愛這世界。每每中午放學、吃過午餐，爸爸就會送我去離家不遠的書店看書，一整下午，我都獨自一人窩在那，而我看的永遠是那幾類的書，不曾改變。

但是，我的困難也來了，因爲我太愛糾正別人錯誤，例如：在我身邊絕不能說髒話、不可隨地亂丟紙屑、不可以作弊、作業要自己寫……。我似乎管得很多，常使別人不高興我高度的挑剔習慣和有話直說的個性。五年級還過得去，六年級只剩下打招呼的同學們，我就如異類被排斥在外；同學們談的一切，全部不懂，更別說加入大家，我只能把一切苦放在心中。

國中換了新環境，卻和很多混混同班，因爲我很愛糾正別人，以致於每次都被誣賴成是「打小報告的一群」，所以我忍耐。之後，進入升學班，我以爲我會找到會接納我的人。可是沒有，他們和一般人

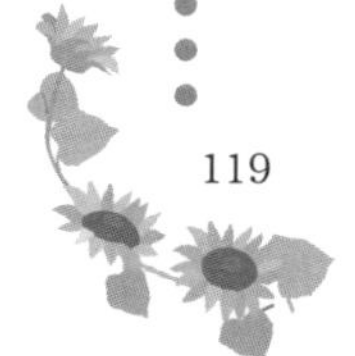

都是一樣的。照樣作弊、說髒話、跟老師頂嘴、抄作業、說謊……，我完全不相信人世間居然是如此，他們的良心在哪？漸漸的我只能接受，可是我無法了解，我的好朋友們居然都作弊，我對他們好言相勸，最後不歡而散，我在那時，只有怨恨和疑惑。

故事書中的人，不都善良純眞，只要是違反道德的事情都不會作；唐太宗都很樂意採納魏徵、房玄齡政策，使得唐代強盛，慈濟的故事不都教導我們如何做人見人愛的孩子。可是我所看見的全然不是，我頓時覺得世界好黑暗、好可怕。而且朋友爲什麼因我對他的指正而討厭我？我的指責全是出於善意，爲什麼？

我迷惘著，注意力也無法集中。一發怒就不可收拾，想法亦非常極端，悲觀的看這世界。我寫得作文，大半都是負面偏激的，原先的我都用作文來讚嘆這花花世界，現在卻藉著作文來發洩情緒，心中也

常有不是你死就是我自殺的想法。心中有事，也悶著，或對熊娃娃自言自語。而且我心中似乎有另一個人。總是在和我的理智作拔河，我的心情也像翻書一樣，一會兒我開心的吼叫，一會兒我就如剛死去親人時的深鎖眉頭。我不斷自責，自己爲什麼這樣得人厭？

我試著去認識自己，我想知道自己爲什麼沒朋友？之後，我發現以前，我在大家面前都是滑稽、逗人笑……。我希望身旁的人都很快樂，我以爲這樣就是樂觀，卻不知這其中有著悲傷和無奈。我不了解自己是否開心，我一再討喜大家、作大家訴苦對象，可是我卻不曾打開心房面對大家。

有天，同學問我要不要去找老師聊，雖然我平時嘻皮笑臉，但他卻說我不太對勁，我當然不願意，因爲當別人了解

我，不正表示他掌控了我？

緊接著，升學壓力增大，我的陰影也多加一層，甚至連喘口氣的時間都沒有，我不想要父母失望，老師傷心，更不要同學嘲笑。我讀得很累，加上注意力無法集中，總是事倍功半。

不知何年何月，只知道是暑假最後幾天，一位同學借我一本小說，不是偉人傳記、故事書，是本網路愛情小說，名叫「夏飄雪」，名字很淒美，我樂意接受。只是很難想像的，他救了我，這本叫「夏飄雪」的書，叫「夏飄雪」的男人。

故事內容敘寫作者因緣際會下結識了一個患白血病的男子，接著是和男子的對話。從頭看到尾，我的眼淚不曾停止。以前，這類「死人小說」我常看，但這次是眞的打從心中流了那麼多淚，打從心中愛上這本書。男子給作者的人生經驗，就像是在對我這膽小懦弱的國中生說話似的。

這本書使我正視自己常久存在的問題「逃避」我不斷的想忘記奶奶的死，可是我總不經意的走回從前，我不敢看現在，甚至未來，更不敢看現在的自己，「沒有朋友」、「冷漠無情」、「醜陋邪惡」……看完了只覺得非常慚愧。

之後，我也去買了這本書，我的情況改善許多，再也不會胡思亂想了，我也試著再去看這世界。記得琴涵曾說：「人間之所以令我們

繫念不已，在於它充滿了愛。」我想我可以了解爲什麼他這麼說了。

我想，如果我不曾遇過黑暗，我又怎麼能感受到如火燭般的光芒是多麼耀眼了。看著電視上有許多人想不開，我想告訴他們，每件事情都有解決的方法，但是先決條件就是：「走下去」，只要走下去那一步，你就贏了，人生便會因此海闊天空，太陽爲你發光，地球爲你運轉，花兒爲你綻放，一切都會很清晰、透明。

現在，每當我累的時候，便會將音響打開，看看天空。人生不會永遠黑暗，就算跌倒了，也要趕快爬起來，因爲，人生就是不斷的超越自己罷了。希望，你也能快快看見光芒。

色彩交替帶

憂傷的藍色時期，總是不希望被打擾的，而孤立一人的寂寞，又是那麼感傷、黑暗。抑鬱與得志的中間地帶，又是什麼境界呢？人世間的喧囂，聽起來如此刺耳，顯得多餘。只有幽柔的音樂能在傷心的片刻後稍解悲傷的情緒，療洗受傷的心情。

小學五、六年級的我，原本是一個充滿自信的女孩，從小成績優異、家境好，而因爲我的母親又是學校的老師。養成了我自傲的態度，卻也因此讓經營人際關係的道路變得崎嶇、坎坷。六年級時，在一位同學的煽動下，終於爆發了問題。那時，我頓感眾叛親離，同學間的情誼蕩然無存。許多不講朋友義氣的人，一一背棄離我而去。班上形成了兩派勢力，演變成「你走你的陽關道，我過我的獨木橋。」各自仇視、互不往來。自認友情經營失敗的我，度過極漫長的憂傷期。食不下嚥、寢不安眠，甚至一度鬧出自殺的謠言，雖然只是訛傳，但我一度認爲「死亡」是解脫痛苦最好的方式。幸而最後在老師悉心扶持、呵護中度過那段憂傷的藍色時期。我在心底暗自告誡自己，決不再重蹈覆轍，便將這警惕放在心底深處。

幾年後，再回想起那瘋狂的過往，經由時間的沉澱，已不再沉痛，而覺得自己是一種傻勁，如果把那傻勁放在其他的用途上，不知會不會闖出一番天地來。受傷後鮮豔、血腥的紅，雖然能短暫覆蓋淒藍的憂愁、悲傷。但最終還是得用原始、純潔的白來洗滌心靈，讓自己恢復心暇，才能再整裝出發。

自殺，只是將自己推向更深的漩渦，承認命運打敗了我們，而不能眞正解決問題。現實生活中，每個人都匆匆忙忙，你是否曾駐足觀

察身邊的事物？體會生命的感動？感動並不是用眼睛所看到的表面虛象，而是用心去體驗的眞實、美麗。如果情感是許多條、無數條色彩繽紛的線所編織出來的，總有藍色的部份。在萬紫千紅中，指出世界、掌握自己、活在當下，開發屬於自己的舞台。每一條情緒線，都牽引著生命的轉動，聯繫著快樂、憂愁、喜悅、悲傷、苦悶、遺憾、後悔、讚嘆等，呈現多樣化的改變，形成擁有奧秘的生命。

一輩子印象深刻的是什麼呢？讓你驚喜的？悲痛的？興奮的？疑惑的？辛苦的？還是好笑的？不管如何，忘記一切煩惱、憂愁，放鬆一切，明天會更好，不是嗎？從以前傷痛奔出、脫離，就像隻興高采烈破蛹而出的鳳蝶，經由一番辛苦後，散發出燦爛色彩的翅膀，享受著花兒帶來的蜜汁，乘風自由飛翔吧！

一道曙光

「在某市，今晨有一名女子跳樓自殺身亡，詳情警方已深入調查……」按下遙控器，關上正在播報新聞的電視，靜靜的走到窗前，雨還不停的下著，我的心也好冷、好灰暗。剛才的新聞報導還在我腦海裡揮之不去。「自殺」，漸漸發現在生活中越來越常聽見有關這類的事，而宣導不要自殺的文宣也隨處可見。這表示在我國自殺率逐漸攀升，也意味著我國人在日常生活中所承受的壓力越來越大，而抗壓的能力也越來越差。

我也曾經想自殺過。那是在我國小六年級時，當時的我很極端，正值叛逆時期，時常跟家人、朋友爲了小事而爭執，若有任何事不如我的意，就會覺得相當委屈，認爲全世界都對不起我，憤恨所有的一切，當時的我像隻刺蝟，見人就刺，別人對我的誤會越來越深，我也不願意去向任何人辯解，漸漸的，絕望的認爲這世上已沒有我的容身

之地，決定以死來逃脫這一切。在我將我的想法告訴我最要好的朋友後，我的好友盡全力的安慰、開導我，也全天候的陪在我身旁，無懼於我的壞脾氣，竭盡所能讓我開心，而我的家人對我的包容與關懷，

也讓我漸漸的走出那段黑暗的時刻，讓陽光再次照亮我的生命。我感謝我的家人，更感謝我的朋友，是他們救了我，阻止我以最傻的方式終結自己，讓我再給自己，也給全世界一個機會，一個用愛與包容的心去重新認識彼此的機會。

現在的我，在生活中，偶爾還是會有不如意的時候，例如：考試考不好、和朋友、家人吵架等等，當我考試考不好時，除了檢討自己，我也會要自己不要和別人比較。我們永遠的敵人是我們自己，我們必須自我突破，創造更新、更好的自己！別人的好與我們無關，別人的壞也與我們無關，我們不需去在意別人。每當這麼想，我的心情就會好很多，失落感也會減少許多。而跟朋友、家人吵架時，我會去散散步，靜下心好好的想想整件事的來龍去脈，仔細想想後，不管是不是我的錯，我都會先道歉，畢竟一個巴掌拍不響，若你不去跟他吵，彼此就不會吵這麼凶了。現在的我時常以這種方式，讓自己不要太容易心情不好，盡量以樂觀積極的心去面對週遭的人事物。我相信有美好的心，其眼所及之處，也必定美好。

在人生這段旅程，是最精采也最黑暗；是最狂歡也最痛苦。這條路上兼具了好與不好的變數，而「好」是人人喜愛的，當它發生時，人們會視爲是理所當然，而忽略掉它，轉而集中精神去注意不好的一切。有句話說：「人都會記住壞的一面，而忘了好的一面。」而這種傾向，也是讓人走向自殺的始作俑者，在痛苦的記憶不斷的累積下，再強的人都會不堪負荷而被擊倒，可「遺忘」又偏偏是人們很難學會的。既然如此，「山不轉，路轉；路不轉，人轉」，以正面的心態去看待挫折，你會發現它不只是挫折，它

也是教你如何通過下次考驗的老師。如果能以這種心態去看世界，這世界有什麼不美好？又有誰會捨得去自殺？有一句我朋友當時為救我所引述的話：「只要向著陽光，陰影就會在你背後。」希望這句話能為你原本暗黑的心情，添加一道曙光！

突破困境

近年來，十大死因裡「自殺」是排第二名，「自殺」的人更是節節高升，到處都可以看到、聽到！而這些人總是為了一些芝麻小事來煩自己，因而想不開，天底下有解決不了的事情嗎？我想，事情總是有它的解決之道，不必想不開，而親手毀掉自己寶貴的生命，這樣豈不是划不來嗎？

雖然，自己也曾經有過這種念頭，因為，我是一個生長在單親家庭的小孩，唯有靠媽媽一個人的力量，扶養我們三個小孩，然而我不是因為怕吃苦才有這個念頭的，而是因為心疼媽媽要這麼的辛苦，當時，我總是想，如果我從這個世界上消失的話，那就可以減輕媽媽的負擔了，但是，當我回頭想想，我還有一個弟弟和妹妹，平常都是我煮飯給他們吃，幫他們洗衣服、照顧他們，如今如果我消失了，那他們該怎麼辦呢？那媽媽不是更辛苦嗎？一方面要賺錢，一方面要擔心

他們，一心兩用，到最後還是一事無成啊！有可能媽媽的身體還有可能累垮！想想，我那麼大，不要讓媽媽再操心、擔心我了。

我的家境雖然艱苦的，但我是大姊，必然要帶著弟妹一同走下去，突破困境，迎向光明的前程，所以，我要堅強的活下去，勇敢的走出自己的路。

看到我的處境的人是不是覺得自己比我還要幸福，豈能走上絕路呢？俗話說：「身體髮膚，受之父母」我們的生命是父母給我們的，難道我們要如此的蹧蹋它嗎？

我更相信天底下的事，沒有解決不了的，只是自己不敢去面對而已，而且如果你有遇到讓你不開心的

事情或解決不了的事情，都可以找我們最敬愛的爸媽，相信他們一定會幫你的。也可以聽聽音樂，放鬆心情，我都是這樣調適我的心情，好像聽了音樂，就像一隻自由又快樂的小鳥飛翔在天空。

當你心情不好的時候，你就可以這樣做，不要把事情悶在心裡，勇敢的去面對，不要走上絕路，不要做縮頭烏龜，讓我們的社會不要再有這樣的事情發生了，事情總是有辦解決的。

向生命說YES

最近流行一個話語，說這個世代的年輕人是「草莓族」。這是什麼意思呢？原來是拿草莓的特性來比喻現今時代的青少年禁不起挫折的考驗，抗壓力明顯不足。也許是從小養尊處優的習慣使然，青少年愈來愈害怕失敗，稍有不如意便自暴自棄，甚至選擇逃避眼前的困境。於是，青年學子的自殺率愈來愈高，已然高居了青少年死因的第二位，這個現象，不禁令人咸到嘆惋，一個個年輕風發的生命竟是如此方式在人世間消逝了。

在古時候，詩人嘗言：「少年不識愁滋味」，而至今，步入少年十五、二十時的青少年仍然是擁有「少年維特的煩惱」的一群。這個年齡層確實普遍有著不少困擾，我也曾經走過這段青春歲月，箇中滋味自然能夠體會。課業上的壓力是最大的主因，此外可能還有愛情、身體外貌的不滿等。在我就讀高中的時代，聽聞北一女中學生相約在外地自殺的事件，頓時衝擊自己的心理。因爲當時正值就讀數理資優班，學業成績一落千丈，

從小一直是全校前五名的我，榮譽心與自信心變得一文不值。下課時，同學們圍繞著討論數學奧林匹亞的試題，而我卻只能對他們深入的對話望之興嘆。在歷經了整個學期的數理成績不及格之後，生命的成就感跌落無底深淵，而自己偏偏卻又得背負著家族期望我當醫生的理想。

當復習考成績下來，看到物理零分、數學九分的考卷，心情爲之崩潰，那一天，是我一次想到「自殺」的念頭。接下來的幾個夙夜難眠的夜晚，我閱讀了不少勵志的書籍，找輔導室確定自己的性向，並且仔細回顧了自殺念頭的緣由，以及分析了自己的長處之後，我找到了問題的解決之道。原來自殺只是證明自己是一個逃避

問題的「俗辣」，它並不能實現我獨一無二生命的價值。我毅然決然轉到社會組就讀，重新拾回求學的成就與興趣。

面對現今社會中青少年的自殺率節節攀升，我思考了以下幾點論點與措施，希望能杜絕這股令人心寒的現象：

一、從教育著手：生命教育的倡導應是學校教育的重要指針之一。從九零年代末期，校園中進行生命教育的課程已漸漸萌生發展，學生在課程體驗了許多探索生命意義、發掘個體值的活動，以期能使學生更加珍視自己、肯定自我的生命。

二、從媒體著手：當新聞媒體常報導有人跳樓、開瓦斯自殺的社會事件時，往往會刻意陳述自殺的方法，讓大眾也輕易得知一些自我了斷的手段。如果這時候一個傷心欲絕的人看到這則消息，是不是剛好就助長了

自殺的發生呢？於是自殺新聞便時有耳聞了。媒體應減少這些負面的報導，並且能警惕觀眾自殺所帶給親人的傷痛，也許我們能降低白髮人送黑髮人的人間憾事。

三、從諮商機構著手：各縣市的生命線、學校的輔導室等，應時常舉辦自殺防治、憂鬱症，感情諮詢等研習活動，讓社會民眾能在第一時間反射動作直覺想到周遭的求助單位。我相信想走上絕路的人不見得有勇氣結束自己的一生，只要有人適時地在身旁陪伴他，給他溫暖與扶持，也許不必提供任何解決方案，都能把他從臨崖之瀕救回來。

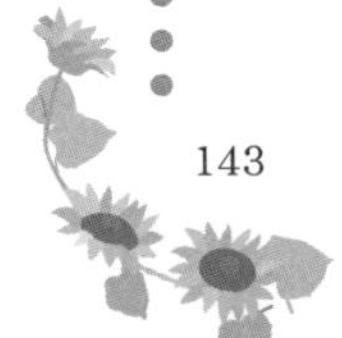

上天賦予我們生命，必然有其可取之處。古詩有云：「山窮水盡疑無路，柳暗花明又一村」，在碰在人生最低潮時，我們必須持有天無絕人之處的堅定信念。

好好地釐清頭緒，找一個新的人生目標，未來依舊是大有可爲的，如果讓自己成爲失意情緒的奴隸，自甘墮落，尋死了事，那麼眞正毀掉未來機會的其實的自己啊！

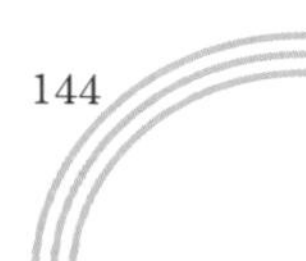

勇敢活下去

當我發現一切事情都不太對勁，是在我十五歲時，當時的我變得很害怕接近人群，不想與別人有任何互動或交談，對生活的一切顯得興趣缺缺，缺乏動力等，我害怕在人前照鏡子，連去上個廁所順便照鏡子都不敢，一直覺得背後會有塊巨石壓向我，在夏天我可以感覺到巨大的寒意，後來我去求助於精神科醫師，得知自己罹患憂鬱症，在這期間我曾有許多次想自殺的念頭，最具體實現的一次，是跟母親吵完架時，當時我拿著小刀劃著自己的手腕，由於怕痛，所以力道始終不敢使太大力，想買安眠藥自殺，但又因爲懶得出門買，加上安眠藥一顆十至廿元，至少要買三五十顆才夠，算一算，太貴了！所以作罷！也許我該慶幸自己凡事都考慮太多的個性，以致於沒去實現那些可怕的行爲。

常常心裡會有個念頭：「要嘛不是去自殺，不然就是好好活下來」

也許是因爲世上還有牽掛，所以我選擇了後者，後來想想自殺，眞的都是許多人一時衝動的行爲，像現在討論最熱烈的新聞：「徐子婷自殺案」我猜想她也許也是因爲一時的衝動才會選擇自殺，若當時有朋友或家人陪伴在她身旁開導她，如果當初她有考慮到她死後將有許多愛她與她愛的人爲她傷心難過，也許她今天就不會選擇往下跳了。

每當我心情不好時，都會找適當的發洩管道來宣洩自己的情緒，心有不滿或壓力過大時，採用溝通與運動的方式來解決，運動眞的是個很好的發洩管道，現在我每個禮拜都會打排球，在心情不好時，我發球時會特別用力，把所有的不滿都發洩在上面，一場球打完後，心情眞的都會有所轉變。有時也會找朋友訴說心事，不會讓自己有事悶在心裡，因爲

我知道若凡事太過於壓抑的話，心會因爲負擔過重而生病。若碰到不愉快的事，我會選擇忘記，一開始是強迫自己忘掉，到後來眞的是只要有所不愉快的事都會忘的一乾二淨。

我想每個人的內心裡，一定都會有正向與反向的聲音，只要多去傾聽自己內心正面的聲音，有很多事情是可以解決的。人的心好比就像『一條橡皮筋』，一直拉它雖然它會變長但到最後它終究會因彈性疲乏而斷掉，心情不好或有所壓力時，要懂得去找適當的管道宣洩出來，事出有因，不能只是一昧的逃避，一定要找出根源並且解決它，當你覺得人生沒有了目標或覺得自己活得毫無意義時，就要找出証明自己存在的價值，並找到自己的目標去努力執行，我現在的目標就是考上心理輔導研究所，未來當個心理輔導老師。

以下二篇是在我得憂鬱症時期隨手寫的話：

今天心在下雨，沒有任何原因，
今天的心情是陰天，雷聲轟隆作響，
心思複雜，我的心被掏空了，
好累！我活的好累！
就像是個只有軀殼，而沒了靈魂的人，
孤獨的人，空虛的心，
來到這個世上是錯誤的開始，
我已分辨不出誰好誰壞，
沒有任何防備，也沒後路可退，
枯燥乏味的人生、沒有目標的人生、毫無意義的人生，
每天渾渾噩噩的渡過，我厭惡了這個人生，
人生是否就是如此，人生是否就該如此，
我寧願活在自己的世界，從此與世隔絕，就此沈睡不起……

「像是個不小心掉進海裡的人，就快要溺死，期望此時能有塊浮木或任何東西讓我抓住，而不至於沈下去，看著岸邊的人冷眼旁觀著，沒人願意伸出援手救我，在死前只看見了人們訕笑的眼神……」。

壓力隨處可見，無所不在，然而輕易向壓力低頭是人生的致命傷。

逝去的愛情

在我的經驗裡，壓力總是隨時侵襲著我，讓我備感辛苦。自我懂事以來，隨時被叮嚀著要成爲弟弟妹妹的榜樣，課業得更上一層樓，甚至要名列前茅，尤其在遇到了競爭對手之後，更是深怕一落千丈。不過，課業上的壓力總不敵生活上的壓力。在國中畢業後，從課業到人際上，一波波接踵而來的挫敗經常壓得我喘不過氣，幸而在這兩年多來，好友一路陪伴著我，迎面擊破這蜂擁而至的打擊。

朋友是人一生中不可或缺的。除了家人以外，在這大社會中，朋友常常是我們引手求救的重要人物。這些事情在我國中畢業後有著最深刻的體會。

從國中到高中的轉換，一向單純的國中生活到了高中卻成了角力的天地，人與人之間的相處不再和諧，反倒充滿著鉤心鬥角的氣味。面對種種的不適應，生活中一再遇到的瓶頸，我很慶幸能有以前國中

朋友的陪伴，與他們出遊成了國中畢業後的要事，即使是聊聊天、談談心，我也心滿意足。與他們相處的自由自在是我一直難以忘懷的，好友相聚去吃吃飯或唱唱歌，那些自在、輕鬆更是上了高中後體會不到的。

因爲朋友間的互相信賴，我們的相處可以很自在，許多的不愉快可以傾吐而出，他們不會嘲笑我，反而會在一旁靜靜的傾聽，聽我訴說生活的不如意，聽我訴說各種感情問題，在複雜的感情世界裡，他們儼然是我的諮詢專家，至少以旁觀者的立場傾聽，他們可以清楚地看出我的問題根源；此外，他們也會適時地

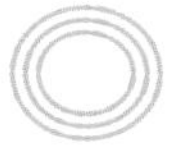

給予我鼓勵和安慰，協助我排解心中的苦悶。有著朋友的陪伴，許多重大問題都可以迎刃而解，他們陪著我走過各種人生的重要關卡，面臨種種無能爲力的困境，突破瓶頸，順利邁向人生的另一個挑戰。

除此之外，自國中時代開始，我便有信手亂書的習慣，可能是些小插畫、也可能是些不成章法的小短文。

當我隨興創作時，那些作品顯得很單純，尤其是小短文，雖然文筆不好、文藻不甚華麗，但那是我最深切的心情寫照，我直接抒發出心裡的感受，沒有半點兒矯揉做作，創作成了我抒發心情的另一項管道。因爲我知道：將事情通通悶在心裡會悶出病，而且也不能老依賴朋友，於是，換一種方法將心情抒發，就當作是和一張白紙談心，眞的很有幫助，古代文人的創作負也是爲了抒發鬱結之心結吧！

我會隨身攜帶一本小冊子，隨時記下我的心情，有時可能只是隨便一個小插圖，也可以滿足那暫時的不愉悅。那小本子上已留下了不少我的作品，有圖有文，事後加以整理一番，有時竟能出現頗佳的創作，反而裝點得我的生命更精采、更美好。

而目前為止我最深刻的經歷莫過於那段於初戀男友分手的日子。「初戀最美，但也傷得最痛」這句話很有道理，未曾經歷過的人是無法體會其箇中滋味。

與前男友的相識充滿了火藥的氣息，又在滿滿的火藥堆中選擇了交往。他的體貼、他的溫柔令我在一個充滿柔情的湖泊裡載浮載沉，我在體貼的波光中迷戀，又在漂浮的同時被一隻血腥的臂膀往下拉，一隻無情的水鬼，一隻無情的胳膊，一個無情的世界。

一句誤會，推翻我的用心良苦，分手兩字，粉碎我編織的夢。心碎的歌聲在我耳邊迴繞，苦澀的嗓音在我心中烙印。

分手後的那段日子，宛如從天堂掉到地獄，過去的點滴在我心裡積聚，揮之不去的夢魘使我夜晚難以成眠，折磨人的身影在我心中飄蕩。我想挖出心，挖出他的心，解剖他殘酷的原因；我也要挖出我的心，我要制止那無止盡的傷痛。可惜我做不到，我渾渾噩噩地過了好久，放學只知道在街上遊蕩，漫無目的地漂浮，任憑雙腳帶我到不知名的國度。爲了延續生命，我每餐都被強迫吞了幾口飯，即便是美味

的佳餚亦如啃食雞肋般。

放心不下的朋友們，每個週末都找我出去，深怕我做出任何傻事，傷害自己，留下那無止盡的遺憾給親友們，而罪魁禍首卻悠遊自在地與新女友培養感情。看著我日漸消瘦的身軀，朋友們的眼神中滿是百般不捨，我不是不知道，只是無力去抵抗這油然而生的無力感，就連生日的到來也毫不知覺。為了拯救日趨萎靡的我，朋友們硬是找他出來對談，然而吃了秤鉈鐵了心的他卻絲毫無慚愧之意，厭惡的表情擺在臉上，嗤笑我的不肯罷手。為此，朋友們一個接著一個，狠狠地罵了我一頓，訓斥我不該這麼地死心眼，如此只

會換得更多的傷害。

眼見著我一直往死胡同裡鑽，他們捨不得再用任何字眼罵我，他們心疼地一直開導我，柔性地勸導著，要我別再爲了那段已逝的戀情弄得滿身是傷，難過的只有我，他卻在一旁逍遙，與他的學妹兩人如漆似膠，一點都不會關心我。我想走出去，可是我彷彿迷了路般在原地打轉，留連著過去的美好又不願正視他已棄我遠去的事實。直到他的冷漠又一次的傷了我，我才眞正地被打醒了。我這痴心付出的對象是誰？難道是那個早已不顧情義，心早已另有所屬的他？我的癡情又有誰心疼？

朋友們說得對，我的一生中還可以再遇到一個更好的男孩，他對我的好不會亞於前男友。在我的周遭還有我的家人與朋友，不知情的

家人還以爲我很快樂，而知情的友人卻正爲了我的傻而憂心，每天一通電話確認我的平安；隨時都在擔心我會不會發生意外，在我神情恍惚之際。

我深思了很久，將近一個月的時間拒絕了朋友們的約會，我回去曾經待過的補習班，去逛我們曾經逛過的夜市，去吃當我們在一起時最喜歡點的小吃，去買最常去光顧的那家珍珠奶茶，去拍每次經過必拍的拍貼機，懷念那段日子的一切，最後一次回味過去擁有的歡樂。最後，我明白告知大家我的決定——忘了他，向

過去大聲說再見，重新找回那個會說會笑、不再整天以淚洗面的我，那時候的他們幾乎是跳了起來，還大肆慶祝我迎向光明的明天。

如今，我還經常攤開記錄著那段痛苦日子的記事本，每讀一次便更確定自己已傷癒，我決定順著這一頁頁的生命軌跡，在眾人對我的愛的包圍下，走出我自己的人生，因爲我深知：壓力是人生的致命傷，從此我將向自殺說『NO』。

二分之一的抉擇

曾經，我逕自的涉入海中，水深還未能及腰，但自殺的念頭卻幾近乎淹沒了我。有時一個人徬徨的走在街頭，見著對街奔馳的來車，我差的僅是數步的距離以及闔上雙眼邁步的勇氣……。這是一個二分之一的抉擇，你可以選擇勇敢的面對或是怯懦的逃避，只是選擇自殺一走了之的你，便再也沒有懊悔的機會與權利。

從國小打零工洗碗盤開始，數一數我在廚房工作了已十餘年，好不容易在飯店中擁有令人稱羨的薪餉及職位，本然也該順遂的往更高薪的管理階級鋪陳邁進；但廚房的工作屬實和我的志趣相異太大，因此我才毅然決然的選擇離開令自己倦煩的行業。當下的我亦天眞的認爲，憑藉著自己敬業的精神以及勤勉的學習態度，到各行各業理應都能拓展出屬於我的一片天。

原本對自己的未來滿懷著期待與喜悅，奈何時間一個月、兩個月，直至半年過去了，我始終蹉跎在找工作的格局裡。隨著流逝的時間和堆疊的挫折感交集下，我慢慢的體悟了離開廚房，其實我什麼都不會。想再回到廚房幹起炒手的工作，一來適合的職位難尋，二來又怕對著倦煩的環境仍舊無法適應，在心境與現實無法苟同的惡性循環下，每天除了得面對著找不到工作的壓力，同時又得忍受家人、親友的斥責和冷漠；找昔日職場的夥伴提及合資創業的打算，卻也每每換來揶揄及嘲諷的回應，彷彿選擇離開廚房的我，全世界亦都已離我遠去。

置身在一個沒有人可以認同的世界，多活一秒鐘之於我而言，僅是無謂的多受一刻罪。在負面的情緒過度壓抑及無法獲得適切的舒緩時，自殺的念頭替代了找工作的思緒。偶然的，我在報紙社會版上見著了國人自殺事件年年攀升的負面消息，從中發現了幾個心理諮商的專線，我役使著好奇的心態撥了電話與志工交談，而從電話那一端傳來的字字句句，竟在我心中集聚成一股莫名的暖流，這是我長久以來未受到的尊重及關懷。

從最初的電話諮商到面對面的心理輔導，一直到最後加入了志工行列，在整個過程之中，我從晦暗的世界中尋得了希望的方向。於此，我學會了放下餐飲業大師傅的身段，走出了劃地自限的範疇，試著去找回我曾經爲圖高薪而放棄的興趣——我要朝著當設計師的夢想邁進。

已經二十好幾，卻只有國中學歷的我想到進修部學習喜愛的設計，儘管知悉本身不是讀書的料，所能憑藉的僅是對於設計的熱忱在支持著自己。知悉家中的經濟不允許，所以我得在學習新領域的同時邊以工作來貼補家中的開銷。雖然一切得再重新學習，而我也勢必得面對學業及經濟的雙重壓力；但是能在嚮往的領域裡成長學習，才是我自己所要選擇的人生。而今，一路帶職進修的我就讀於研究所二年級，選擇了我最感興趣的的工業設計，儘管我的起步比人晚，儘管我後天的努力趕不上同學們先天的才賦，但能朝著當設計師的方向耕耘努力，是我打從心裡深處最眞摯的夢想。

我在志工團隊服務已轉眼過了七年，在這七年之中，我看過許多形形色色欲尋短的例子；但若將這些個案釐清及歸結起來，不難發現

其自縊的初衷皆是源由於己身負面情緒層疊的影響。假使你正處於無奈且無助的情境，那我想，以過來人的身分告訴你：『再聽慧賢達的人，也都會爲著外來因素的衝擊與影響而失去理智。』如果你的壓力已經積陳到一個潰堤的臨界點，或許你可以參酌著以下的四點建議：

一、加入志工的行列，換個角度提醒自己：透過志工培訓的課程，將能領會到『活著的意義更甚於得過且過的死去』。加入志工，用愛點燃希望的火炬，照亮迷失的人索尋未來的旅程，從協助別人的經歷中，間接的你也會發現自己的價值，並且體驗生命存在的意義。尤其當諮詢的人一味的陷於自己閉鎖的思路時，你會覺得他們的處境之於你而言，其實並非是無法轉圜的難題；那如果你再回想起己身的遭遇，你即能明瞭昔往尋短的決定是如此的不純熟。

二、放空自己去旅行，並且沿途記錄著旅行日記：不一定得揹起

行囊走的遠，只要能暫時跳脫這個讓你無法喘息的深淵。就算是逃避又如何，人不該永遠戰戰兢兢的過活，面對載沉載浮的人生激浪，偶而，你也該學著放空自己，掙開這個束縛著你全身血脈的桎梏，試著鬆懈緊繃的情緒去旅行；然後隨性的描述當下的心情，也把你這幾天所見聞的人、事、物記錄起來，你將會發現這個世界，仍是有值得你依戀、割捨不下的精彩。

三、掏出心裡想說的話，再藉由適合的管道宣洩：你可以藉由飯局約親友們談心，畢竟他們都熟悉著你的背景及過去，對著你所面臨的疑難也較能提出具體的見解。再者，透過網站來抒發情緒，掛在你我都不相識也不需相逢的網站上，如此你可以心無掛礙的盡情宣洩。人們往往在面對著不

認識且未來也不會見面的陌生人，較容易卸下平時束裝的心防，以致能說出藏匿在心底的話語來相互交流；但也切忌勿對彼此過於信賴，而成了詐騙集團滲透人心的捷徑。

四、透過專業的團隊輔導，藉以尋求心靈的寄託及希望的出路：你可以尋求相關的公益團體幫助，因爲社工們都有專業的知識和豐富的經驗，關於你的難題，他們可能已經輔導過許多個相仿的案例。志工們都擁著一顆顆熱誠以及關愛人的心，在輔導的過程中，你可以從中看到他們對生命所秉持的執著與信念。別認爲沒有人懂得你現在的心境，在許久之前的曾經，他們可能也如同此刻萬念俱灰的你一般，只是現在他們已掙開枷鎖走了出去；因此，你的茫然以及你的無助，他們都懂。

或許正讀著此篇文章的你，連呼吸都倍感吃力；也或許，認爲誰的幫助也無益於你現在的處境，再如何求援也是徒勞的在浪費彼此的時間；眞或許，任何人都無法左右心意已決的你；但請你給自己再多一些時間，歇下倉促的腳步後以靜心來思維，相信自己可以走出現在困頓著你的僵局。

面對『生』與『死』這二分之一的抉擇，活著，你可以擁有很多重新來過的機會；但選擇自殺一走了之的你，卻再也沒有懊悔的機會與權利。想想那些仍愛你卻未及表態的親人與朋友，你欲求得的圓滿結局，對他們而言卻盡是一個永難再圓的遺憾。在不順遂時要嚐試去面對著窘境，而不是一走

了之的怯縮逃避；當你學著去克服眼前的難題，也等同是將自己深陷的一隻腳從淵藪中抽離，等待的僅是你理智的下一步。

人們常說：『面對著陽光，陰影自然就落在你身後』，果不如此！當你無畏環伺的陰霾，嚐試朝著光明的方向跨步，一步一步邁進的你將會發現，希望就在你眼前的不遠處。

快樂人生

「爲什麼大家都把我當隱形人？爸媽、老師、同學都一樣，從來都沒有想過我的感受，只把我當隱形人看待，好像有沒有我都一樣，我只是多餘的，沒有人需要我，我什麼也不是，那我活著有什麼意思？我不想活了。」這是我想自殺時心裡在想的事，當時什麼快樂的事都想不起來，只想到傷心的事，手裡的美工刀只差一點就要割下去了，這時我的理智好像忽然清醒過來，腦子從不好的想法到一片空白，然後開始回想自己的過往，這時才責備自己：「我在想什麼呀！就算他們把我當隱形人又怎樣，我又不是爲他們而活，我還眞蠢，爲這種事而哭，而且還差點自殺，如果我就這麼不明不白的死了，他們也不會怎樣，我一定要讓他們後悔把我當成隱形人。我一定要他們後悔。」這時的我已從死亡邊緣回到現實世界了，可能很多人都無法做到，但我做到了。

也許你會問我是怎麼做到的，但我無法正確的告訴你，不過我可以確定的是，如果你都已經放棄自己了，那麼也沒有人可以救你了，也就是說不是別人放棄了你，而是你放棄了自己。

我就是還沒放棄自己才沒有自殺的，我還在爲自己的存在努力，我如果放棄了自己，做什麼都是空談了，只要不放棄，堅持到最後，我就不會再是那不受人重視的隱形人了，這種想法是支持我到現在的原因，我不勇敢，我不敢面對問題，但我會努力讓自己不逃避，這樣也許很矛盾，不過這是我努力的目標，它可以讓我面對任何的挫折，讓我能變的比較堅強，我不想自殺了，那好痛苦，我要快樂的面對任何事，人生的道路如此的漫長，我不想在半路就先結束人生的旅程，我要快樂的走完人生。

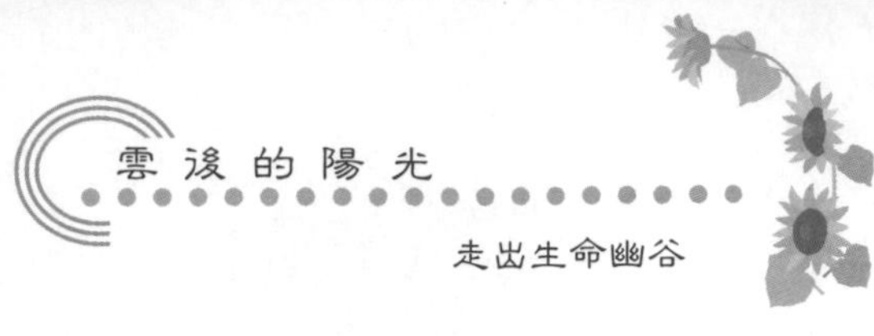

現今的社會自殺率是愈來愈高，似乎愈文明的社會，人們的煩惱也愈多，如何降低自殺率已經成爲一個重要的課題了，每當看到新聞或報紙上又出現了有關自殺的報導，總不免想到自己的過去，自殺並不是解決問題的唯一辦法，但這句話在那些想自殺的人眼中就成了廢話，不過仔細的想想，那些自殺的人也許有想過這句話，可是沒有人幫助他們呀！那些人要的是家人、朋友、師長們的關心與幫助，心中的結解開了，就不會再痛苦的想自殺了，不過最重要的還是自己能夠改變心境，「山不轉，路轉；路不轉，人轉。」只有自救才是最好的方法。

打開心内的門窗

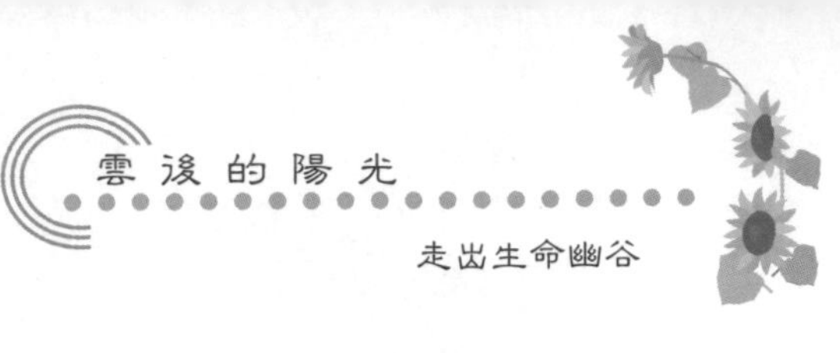

面對人生的試煉與考驗，成長的苦澀與挫折，真的只能束手無策、坐以待斃？再也找不到退路、出口嗎？我想，絕對不是如此。只要願意打開心內的門，就會看到蔚藍的天空、美麗的彩虹；只要願意打開心內的窗，就會找到希望的陽光、心靈的寶藏。

記得在我唸小學的時候，隻身來台，白手起家的父親，因交友不慎而毀了一手經營的事業。『屋漏偏逢連夜雨』，事業垮掉、胃疾復發的父親，住院開刀切除了三分之二的胃。在父親修養期間，家計的重擔便落在母親身上。母親當過工人，在烈日下，挑著一擔擔的沙、水泥、磚頭，一步步地踏在鷹架上，在牛肉麵攤洗碗，一直覺得戴手套做事不俐落的母親，長久浸泡水、清潔劑的雙手，在冬天時，常常裂成一個個「開口笑」，但她從不喊一聲痛。爲了這個家，母親做過許多卑微的工作。

那時，班上有個女生，在許多同學面前，以嘲笑的口吻說：「她的爸爸是老芋仔，媽媽是乞丐婆，常常到垃圾堆撿東西」。她唱作俱佳地表演著，字字句句刺進我心坎，我流著淚，心裡直想著：「難道家境窮困，就如此令人瞧不起嗎？」我滿心的怨恨、怒氣，回到家中，全向母親發洩，大吼之後，我生氣地跑回房裡睡覺。

半夜醒來，看見客廳的燈仍亮著，我好奇地探出頭，從窗口看到母親戴著老花眼鏡，手上拿著針線和我的制服，她邊縫邊打瞌睡，好幾次因爲針扎到手而醒過來，看到這情景我心裡眞的好難過。

幾番思量幾番感悟，雖然家貧，但父母的愛不曾缺少過，我何必羨慕人家的富裕？看到母親任勞任怨、腳踏實地工作的身影，總會想起她的叮嚀：『家己種一叢，卡贏看別人。』這句話伴我度過成長的崖壁，勇敢地面對挫折。我在課業上更積極、更用心，始終維持名列前茅的成績。感

謝父母無怨無悔的愛，讓我不再自怨自艾、怨天尤人；因爲家的溫暖，讓我走出心裡自卑的陰霾，迎向燦爛的陽光。

五年前，我面對人生的另一個低潮。那時，發現父親得了失智症，母親罹患癌症，而一雙子女尚且年幼。每次接到父親走失的電話，除了焦急、無奈，就是一連串地尋找、報警。陪母親到醫院做化療，每去一次，心情就更沈重、更沮喪。蠟燭兩頭燒的我，除了上班的工作壓力要承受，還有父母、小孩的照顧問題，頓時，心中有了自殺的念頭，覺得自己一路走來，實在是心力交瘁。不忍見到父親走失後跌撞受傷，及日益消瘦的母親。當我們決定把父母送進安養院時，我心裡有著罪惡感，因此寢食難安、情緒鬱悶。每次到安養院探望他們時，父親已經不認得我們，母親看到我們總是帶著笑意，當我們要離開時，她卻偷偷掉淚，見此情景，內心雖然不捨，但又無可奈何。

在我快崩潰的時候，幸有貴人拉我一把，他引領我接觸宗教，聆聽慈悲喜捨的大悲咒，讓心靈澄淨的宗教音樂，看一些有關宗教方面的書，我慢慢地讓雜亂的思緒沈澱下來，冷靜地思考現況的因應方法，使負面的想法、情緒不再佔據心頭。「一念天堂、一念地獄」自殺是自私、不負責任的行爲。

佛家講「不殺生」這包括不殺萬物與不殺自己，釋教認爲殺人固然有罪，但自殺者罪孽更是深重。自殺並不是解決問題的唯一方式，何必執迷不悟？把苦悶說出來也是不錯的方式，我和兩個妹妹感情很好，我們常常聚在一起或打電話聊近況、心情，彼此加油、打氣，給予對方精神上的支持。「一吐爲快」，互相分擔痛苦就不會無法承受，也會覺得現況其實沒那麼遭，不要過於鑽牛角尖，就不會出現太多負面的想法。

親近大自然擁抱好山好水，讓憂傷的心找到安慰，讓疲憊的人得以歇息，讓乾涸的生命得到滋潤。大自然蘊含豐沛的能量，使人覺醒、自省、體悟、沈潛、振作、能夠重新出發，找到安身立命的方向，開啓心中的門窗。

打開心內的門窗，多些關愛、少些傷害；打開心內的門窗，擁抱生命的光采，避開生命的堵塞；打開心內的門窗，望著高山大海，心胸也會開闊。用珍惜的眼光看人生，會發現不如意的事也有一種缺陷美，用珍惜的心情體驗生活，將發現平凡中的眞醇，是如此的耐人尋味！

心念一轉，在生命的轉彎處，也可以找到柳暗花明的桃花源。人生在順境、逆境的交替下，揉合成渾然的圓。只要人人都願敞開心內的門窗，到處充滿陽光。

附　　錄(1)

存在，就有機會

—自殺防治篇—

☆全球啓動自殺防治工作

每年全球有將近一百萬人死於自殺，約每四十秒就有一人自殺死亡，而自殺未遂者爲自殺死亡者的十倍至二十倍，在世界各國，特別是青少年，自殺是主要死因，每個自殺死亡者對許多家庭成員和朋友在情緒上、社會上和經濟上產生深刻地影響，自殺問題已在全球成爲嚴重的心理與社會問題，自1999年起世界衛生組織開啓了全球性的自殺防治，並依據下列目標在進行：

★引進最新的自殺防治資訊來減少自殺行爲，並著重在發展中國家，以及社會和經濟轉變的國家之中。

★在自殺初期，盡可能的加強辨識、評估和減少可能是由個案自身生活所產生的原因。

★提高社會大眾對自殺的瞭解，並對有自殺意念或曾有過自殺企圖者，以及對有自殺企圖或自殺身亡者的親友，提供心理社會支持。

☆台灣自殺行為的現況

依據衛生署的統計資料顯示，台灣在2004年共有3468人死於自殺，其中男性爲2351位，女性爲1117位，2004年與2003年的數據相較之下總人數增加273人。而與WHO的資料相較之下，台灣在2004年之自殺率爲每十萬人分之15.3人，屬於高盛行率區域。

台灣在近十年內的粗自殺死亡率由1994年每十萬人分之6.85人增加至2004年的15.31人，呈現上升趨勢，自殺問題已連續八年名列台灣十大死亡原因之一，足見自殺防治議題在我國亟需迫切的注意與重視，觀察自殺行爲之個案，可以發現，不論社會層次或職業高低，皆有自殺問題之存在。然而，青少年與老年之自殺問題更是引人注意，其中，青少年（十五－廿四歲）的主要死亡原因排行中，自殺名列第三；而老年人（六十五歲以上）的自殺死亡率則爲一般人口平均值的三倍以上。

☆自殺產生的原因

自殺行爲是有很多複雜且相互關連的潛在原因所造成，處於貧窮、失業、失去所愛的人、與家人或朋友嚴重爭執、關係破裂，以及生活或工作相關等問題皆是公認的自殺危險因子，其他體質因素包括酒精濫用與藥物濫用、曾遭受身體虐待或性侵害，以及社交孤立等都成爲自殺產生的重大因素。因此，自殺的風險因素可分三方面：

一、生理因素

Ⅰ腦部血清素

血清素是一種大腦神經細胞用以傳遞信息的物質，不少研究均發現自殺致死及自我傷害腦部的血清素及其代謝物濃度比正常人爲低，研究也發現憂鬱症患者、性格較衝動者也有相同的情況。

Ⅱ壓力反應系統

人們對於壓力、挫折的最基本反應包括「戰與逃」，當人體處於壓力的情境下時，身體的內分泌系統會與自律神經系統互相影響，並且也控制體內的免疫系統；當人面對壓力時，會有大量的荷爾蒙分泌，這些化學物質就會進而改變腦部的功能，往往造成情緒起伏大，容易出現激動、衝動的行爲。

Ⅲ酗酒及藥物濫用

酗酒會損害當事人的判斷力，引起情緒改變和衝動行爲，並易把自殺念頭付諸行動，而藥物濫用會影響中樞神經，產生幻覺，與現實脫節，做出自我傷害的行爲而不自覺。

二、心理因素

Ⅰ思考二元化

自殺企圖者思考傾向於二元化，也就是對自己與他人的評價不是全好就是全壞，對於事情的看法只有絕對的對錯，認爲一切只有黑白，沒有界於中間的灰色地帶。

Ⅱ認知僵化，喪失解決問題能力

自殺者在感覺外界的環境刺激是僵化的，並且沒有能力去辨認與處理問題，他們的認知是固定且沒有彈性的。

Ⅲ記憶型式的障礙

人在處理問題情境時，往往會參考過去的相關

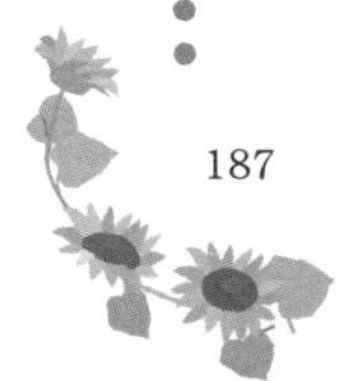

經驗，找出可能的解決方式，但是，自殺者在面對自殺問題時過去的記憶或呈現模糊與簡化的狀態，因此對於問題解決能力便有所阻礙。

三、社會或環境因素

I嚴重的挫敗

遇到嚴重困擾的事情，如失戀、失業、考試失敗、親人死亡、父母離婚等，都使將使人感到跌入絕望的深谷，若得不到適當的幫助，自殺的機率就會增加。

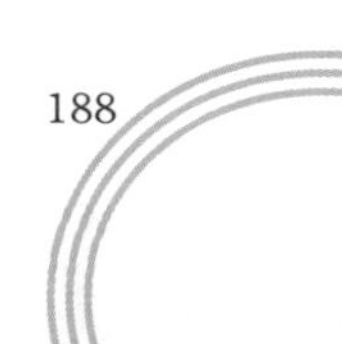

Ⅱ環境的影響

當社會發生重大變化時，例如失業率的攀升、經濟景氣不佳、重大的自然天災等，自殺率也容易跟著同步上升。

Ⅲ模仿

不少研究均證實媒體過度報導自殺的情節，會引發自殺的模仿效果，媒體過度描述自殺方式、地點與情節，都會成爲仿效的對象。

☆不可忽略的自殺警訊

意圖自殺者在採取行動之前，通常會出現一些特別的行為，如果我們周遭的人可以留意這些自殺警訊，多一份觀察，多一些預防，即可少一點悲劇發生。任何一次的自殺企圖都是自殺者向外界求助的訊息，因此不應該忽略它，否則隨之而來的可能是致命的危機，我們可從以下四項因素來關心週遭的人是否有高度的自殺企圖：

感覺(Feeling)

◎無望的——「事情不可能變好了」、「已經沒有什麼好做了」、「我永遠都是覺得沒有希望」。

◎無價值感——「沒有人在乎」、「沒有我別人會更好」。

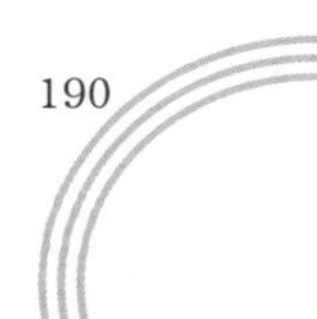

◎過度的罪惡感和羞恥感、痛恨自己。

◎過度悲傷。

◎持續的焦慮與憤怒。

行動或事件(Action or Events)

◎藥物或酒精濫用。

◎談論或撰寫死亡的情節。

◎焦躁不安。

◎攻擊、魯莽。

改變(Change)

◎人格—更退縮、厭倦、冷漠或是更爲多話、外向，表現出於平常不一樣的樣子。

◎行爲—無法專心。
◎睡眠—失眠或過度的睡眠。
◎飲食習慣—沒有胃口、體重減輕、或是吃的過量。
◎對於朋友、嗜好或以往喜歡的活動失去興趣。
◎在經過一段時間的消沉、退縮後突然情況好轉。

惡兆(Bad Omen)

◎言語—如「經常重覆說想要去死」，或是「流血流多久才會死？」。
◎威脅—如「沒多久我就不會在這裡了」。
◎計畫—安排事務、送走喜歡的東西、研究藥物和自殺方法，獲取自殺的器物。
◎自殺的企圖—服藥過量、割腕等。

附　　錄 (2)

嘉義生命線

簡　介

嘉義市生命線是一非營利的社會服利機構，它是一個國際性的組織，本會基於尊重生命之精神，對於企圖自殺的人施以救援，透過自殺防治專線：1995，致力於推動自殺防治與心理衛生工作，以協助因絕望而喪失生機者獲得重生的勇氣，重燃希望之火爲服務的宗旨。

☆服務項目

一、自殺預防電話輔導

提供1995電話輔導，幫助欲以自殺結束生命的人士，包括自殺防治、危機處理等，並同時提供家庭關係、感情問題、人際關係、精神心理疾患、憂鬱症等心理困擾問題之輔導。

二、心理衛生服務

提供心理衛生預防教育、心理疾病諮商服務與協助就醫、社

會福利等服務，以維護民眾之心理健康。

三、舉辦生命教育活動

以座談、系列講座、話劇等方式教育推廣預防自殺及珍惜生命的訊息。

四、輔導教育及研究報告

開辦輔導相關課程及與提供相關科系學生或機構人員實習輔導，並透過統計及個案分析來發現社會問題及提供可行的方案。

四、志願服務工作推廣

舉辦志願服務課程訓練，培育諮商輔導志願服務人才進行自殺預防工作。

☆歡迎支持嘉義市生命線

生命線爲一社會公益團體，拯救自殺個案，需要社會大眾的支持與捐款，邀請你一起來關懷生命，助人重燃生命希望。

郵政劃撥：0300065-6 嘉義市生命線協會。

嘉義市生命線：行政電話：(05)234-0742

傳眞：(05)233-8747

各地生命線諮商電話：請撥1995專線。

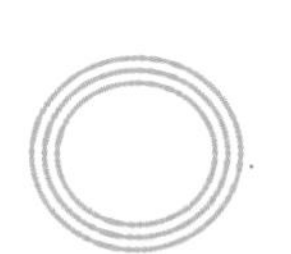

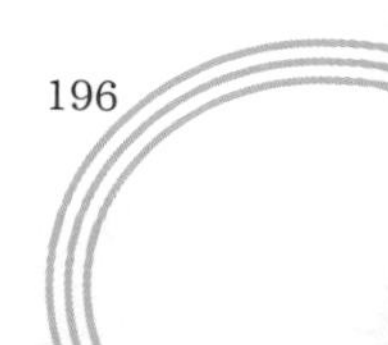

附　　錄 (3)

自殺問題求助資源

全國通用電話

衛生署全國自殺防治中心安心專線：0800-788-995

各縣市生命線：當地直撥1995

各縣市張老師：當地直撥1980

救助單位名稱資料

☆衛生署全國自殺防治中心

台北市大同區鄭州路40號3樓　0800-788-995

☆台北市衛生局社區心理衛生中心

台北市中正區金山南路一段5號　(02)-33936779

☆台中縣衛生局社區心理衛生中心

台中縣豐原市中山路353號5樓　(04)-25155149

☆高雄市衛生局社區心理衛生中心

高市三民區大順二路468號8樓之2　(07)-3874649

☆國際生命線台灣總會

台北市松山區南京東路4段183號9樓之1　(02)-27189595

☆台北市生命線協會

台北市松江路65號11樓　(02)-25059595

☆高雄市生命線協會

高雄市新興區大同一路181之6號9樓901室　(07)-2319595

☆基隆市生命線協會

基隆市安樂路二段164號5樓　(02)-24319595

☆新竹市生命線協會

新竹市集賢路3號　(03)-5249595

☆台中市生命線協會

台中市中港路二段13－8號3樓　(04)-23269595

☆嘉義市生命線協會

嘉義市西區德安路6號B棟2樓　(05)-2349595

☆台南市生命線協會

台南市中山路90號太子大廈914室　(06)-2209595

☆台北縣生命線協會

台北縣板橋市四川路二段245巷89號　(02)-89669955

☆桃園縣生命線協會

桃園縣大興西路二段61號13樓　(03)-3019595

☆新竹縣生命線協會

新竹縣竹東鎮北興路一段557號2樓　(03)-5969595

☆苗栗縣生命線協會

苗栗市莊敬街26號3樓　(037)-329595

☆台中縣生命線協會

台中縣豐原市圓環北路一段355號3F　(04)-25269595

☆南投縣生命線協會

南投市三和二路一街14號　(049-)2239595

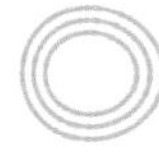

☆彰化縣生命線協會

彰化市中華路338號　(04)-7259595

☆雲林縣生命線協會

雲林縣斗六市莊敬路347巷30弄37號4樓　(05)-5329595

☆嘉義縣生命線協會

嘉義縣民雄鄉中樂村文化路5之8號　(05)-2267995

☆台南縣生命線協會

新營市民族路112號3樓之3　(06)-6329595

☆高雄縣生命線協會

高雄縣岡山鎮民族路86號2樓　(07)-6258546

☆屏東縣生命線協會

屏東市長春街42之1號　(08)-7369595

☆宜蘭縣生命線協會

宜蘭市西門路七巷22之4號5樓　(039)-329595

☆花蓮縣生命線協會

花蓮市林森路236-23號6樓　(038)-339595

☆台東縣生命線協會

台東市漢陽北路408巷11號　(089)-339595

☆澎湖縣生命線協會

澎湖縣馬公市中華路242號　(06)-9266049

☆董氏基金會心理衛生組

台北市復興北路57號2F之3　(02)-27766133

☆台北馬偕協談中心平安線

台北市中山區中山北路二段92號9樓　(02)-25310505

☆台北宇宙光輔導中心

台北市大安區和平東路二段24號8樓　(02)-23637278

☆台灣憂鬱症防治協會

台北市中正區中山南路7號　(02)-23611012

☆光智社會事業基金會

台北市士林區通河街137號地下樓　(02)-28854250

☆生活調適愛心會

台北市信義區松德路309號一樓　(02)-27593178

☆張老師基金會

台北市中山區松江路219號401室　(02)-25025858

☆台北市教觀音線協會

台北市松山區南京東路五段251巷46弄5號7樓　(02)-2768773

☆台中觀音線協會

台中市北屯區柳陽東街23號　(04)-22339958

☆彰化師大附設社區心理諮商中心

彰化市進德路1號　(04)-7289258

國家圖書館出版品預行編目資料

雲後的陽光　走出自殺幽谷 - 生命線自殺徵文 ／
姚卿騰編著. -- 初版. -- 嘉義市：濤石文化，
2006 [民95]
面　；　公分
ISBN：986-81049-4-7（平裝）
1. 自殺 - 防治 - 文集

548.85　　95008447

雲後的陽光　走出生命幽谷

著　　者：國際生命線台灣總會　嘉義市生命線 策劃
姚卿騰　編著
出 版 者：濤石文化事業有限公司
責任編輯：邱琦娟
封面設計：白金廣告設計 梁淑媛
插圖設計：意念數位科技股份有限公司
地　　址：嘉義市台斗街57-11號3F-1
登 記 證：嘉市府建商登字第08900830號
電　　話：(05)271-4478
傳　　真：(05)271-4479
户　　名：濤石文化事業有限公司
郵撥帳號：31442485
初版一刷：2006年8月
印　　刷：鼎易印刷事業有限公司
I S B N ：986-81049-4-7
定　　價：新台幣200元
E - mail：waterstone@giga.com.tw
http://www.waterstone.url.com